Os direitos humanos
e os efeitos da globalização

Os direitos humanos
e os efeitos da globalização

Noé de Medeiros

MinhaEditora

Copyright © 2011 Editora Manole Ltda., por meio de contrato de coedição com o autor.

Minha Editora é um selo editorial Manole.

Projeto gráfico: Departamento Editorial da Editora Manole.
Editoração eletrônica: Departamento Editorial da Editora Manole.
Capa: Departamento de Arte da Editora Manole.

Dados Internacionais de Catalogação na Publicação (CIP)
(Câmara Brasileira do Livro, SP, Brasil)

Medeiros, Noé de
    Os direitos humanos e os efeitos da globalização /
Noé de Medeiros. – Barueri, SP : Minha Editora, 2011.

    ISBN 978-85-786-8012-1

    1. Direitos humanos 2. Direito internacional público 3. Globalização I. Título.

10-11263	CDU-341

Índices para catálogo sistemático:
1. Direitos humanos e efeitos da globalização : Direito internacional público 341

Todos os direitos reservados.
Nenhuma parte deste livro poderá ser reproduzida, por
qualquer processo, sem a permissão expressa dos editores.
É proibida a reprodução por xerox.

A Editora Manole é filiada à ABDR – Associação Brasileira de Direitos Reprográficos.

1ª edição – 2011

Editora Manole Ltda.
Avenida Ceci, 672 – Tamboré
06460-120 – Barueri – SP – Brasil
Tel.: (11) 4196-6000 – Fax: (11) 4196-6021
www.manole.com.br
info@manole.com.br

Impresso no Brasil
Printed in Brazil

Este livro contempla as regras do Acordo Ortográfico da Língua Portuguesa de 1990, que entrou em vigor no Brasil em 2009.

São de responsabilidade do autor as informações contidas nesta obra.

Carregando nos próprios ombros as aflições que fustigam a Terra, o Senhor acreditou nas promessas de fidelidade que você lhe fez, enviando-lhe ao caminho aqueles irmãos necessitados de mais amor.

Chegam eles de todas as procedências...

É a esposa fatigada esperando carinho; é o companheiro abatido implorando, em silêncio, esperança e consolo.

De outras vezes, é o filho desorientado suplicando compreensão ou o parente, na hora difícil, aguardando braços fraternos.

Agora, é o amigo transviado, esmolando compaixão e ternura, depois, talvez, será o vizinho atormentado em problemas esfogueantes, pedindo bondade e cooperação.

Isso acontece, porquanto você pode compartilhar com Ele a tarefa do auxílio.

Não desdenhe, desse modo, apoiar o bem.

Acendamos a luz, onde as trevas se adensam, articulemos tolerância, ao pé da agressividade, envolvamos as farpas da cólera em algodão de brandura, conduzamos a paz por fonte viva sobre a discórdia, toda vez que a discórdia se faça incêndio destruidor...

Deixe que Ele, o Mestre, se revele por sua palavra e por suas mãos. Não impeça a divina presença, através de seu passo, no amparo às humanas dores.

E, nessa estrada bendita, depois da luta cotidiana, sentirá você no imo da própria alma, o sol da alegria perfeita, repetindo, de coração erguido, a verdadeira felicidade:

– Obrigado, Jesus, porque na força de Tua bênção consegui esquecer-me, procurando servir.

André Luiz

Xavier, Francisco Cândido. *Ideal espírita*, 1963

O significado desta mensagem de André Luiz retrata o cotidiano da vida de minha querida mulher e excepcional companheira de todas as horas de minha vida. A ela expresso a minha gratidão, o meu amor e a minha submissão à sua bondade, o que permitiu que formássemos uma bela e feliz família.

À Paula Márcia, a minha homenagem!

Sumário

APRESENTAÇÃO XI

INTRODUÇÃO AO TEMA 1

PARTE 1 – OS DIREITOS HUMANOS

CAPÍTULO 1 – Doutrina e tratados dos direitos humanos 17

1.1 Direitos humanos - conceitos e características 17

A. Os direitos fundamentais da primeira geração 22

B. Os direitos fundamentais da segunda geração 22

C. Os direitos fundamentais da terceira geração 23

D. Os direitos fundamentais da quarta geração 23

1.2 A Carta Internacional de Direitos Humanos:

a Declaração dos Direitos do Homem

(10 de dezembro de 1948) e os Pactos de 1966 24

1.3 Os tratados e convenções internacionais de direitos humanos . . . 31

1.4 A Declaração e Programa de Ação de Viena 48

A. A Conferência Mundial sobre Direitos Humanos 53

B. A coordenação do sistema das Nações Unidas na
área dos direitos humanos 60
C. Igualdade, dignidade e tolerância 61
1.5 Globalização econômica, integração regional
e direitos humanos 62
1.6 Os aspectos das garantias individuais e sociais 69

**CAPÍTULO 2 – Direitos fundamentais na
Constituição Brasileira de 1988** **73**
2.1 Preliminares sobre os direitos humanos fundamentais 73
2.2 Classificação dos direitos fundamentais 76
2.3 A soberania e a cidadania como fundamentos da república . . . 83
A. Soberania 83
B. Cidadania 85
2.4 Relatividade dos direitos humanos fundamentais 87
2.5 A Constituição Brasileira de 1988 e a Institucionalização
dos Direitos e Garantias Fundamentais 89
2.6 Comentários doutrinários sobre a Constituição
e os direitos fundamentais 91

PARTE 2 – A GLOBALIZAÇÃO
CAPÍTULO 3 – O fenômeno da globalização **107**
3.1 Conceituando a globalização 107
3.2 Prós e contras da globalização 115
3.3 O capital estrangeiro e as empresas transnacionais. 116
3.4 Mitos da globalização 120
A. Introdução 121
B. Falsas novidades da "globalização". 122
C. Fronteiras da "globalização" 123
D. Distribuição geográfica do comércio e dos movimentos
de capital 126
E. O mito do declínio do Estado 127
F. O mito da empresa "transnacional". 130
G. A dimensão financeira do processo de internacionalização . . . 131

H. O tamanho sempre leva a melhor 135

I. O triunfo de produtos universais 136

J. A economia precisa ser reescrita 137

K. A globalização como jogo de soma zero 140

L. O desaparecimento da geografia 142

3.5 A globalização em crise 142

3.6 A globalização dos direitos humanos 150

CAPÍTULO 4 – A globalização internacional 155

4.1 O estado de emergência 155

4.2 A globalização social e as desigualdades 157

4.3 A globalização da pobreza 162

4.4 A crise do Estado 168

4.5 A crise econômica global 168

4.6 O assalto à democracia e ao bem-estar social 172

4.7 O impacto da globalização e a fragmentação global 175

4.8 O poderio mundial do trigo 177

4.9 O desemprego e as novas multinacionais 179

4.10 Ascensão e queda da globalização 182

4.11 Os efeitos da globalização 185

CAPÍTULO 5 – O Brasil e a globalização 193

5.1 Globalização e soberania 193

5.2 Amazônia e conscientização ecológica 197

5.3 Os efeitos sociais da globalização 199

5.4 Capital estrangeiro e capital nacional 200

5.5 Comércio exterior (política e acaso) 201

5.6 Venda internacional de mercadorias 202

5.7 Os efeitos na concorrência com as empresas nacionais 204

CONCLUSÃO 207

BIBLIOGRAFIA 229

Apresentação

Em um primeiro momento, não me passou a ideia da transformação em livro da minha dissertação de mestrado com o mesmo título: *Os direitos humanos e os efeitos da globalização*.

À época, fervilhava no mundo a "globalização" como a grande salvação das nações, com vistas à interpolação dos interesses econômicos por excelência. Começava a troca das vantagens (somente para os países chamados de desenvolvidos). Tratados de importação, exportação, reservas de mercado, alíquotas cambiais, grandes empréstimos financeiros entre países, reuniões do G8, depois reuniões do G20. E por aí íamos.

O bem-estar das pessoas e o exame das reais necessidades das populações pobres não foram objeto de estudos e muito menos de tratados ou pactos que os beneficiassem. Ao contrário, os países pobres tendiam a empobrecer mais com os efeitos da insaciável vontade dos ganhos fáceis, objetivo maior das grandes potências econômicas.

Traduz bem a insensibilidade do mundo rico em relação ao mundo pobre o texto a que me refiro a seguir, de John Micklethwait e Adrian Wooldridge, na obra *O futuro perfeito: os desafios e as armadilhas da globalização*, extraído de uma descrição da Corte Imperial Chinesa do século VIII, pelo poeta TuFu. O texto referido está retratado na primeira página desta obra, em "Introdução ao tema", sob o título "Fora dos portões dourados: os perdedores da globalização". Convém a leitura atenta.

O meu frágil espírito, sensível à miséria humana, obrigou-me a aprofundar estudos sobre o que se passava no mundo, pois de um lado, os países ricos ficavam mais ricos, de outro lado, os países pobres ficavam mais pobres.

Os fatos até aqui narrados me animaram a produzir um trabalho sóbrio, mas que entendo ferir a matéria de forma contundente.

No final do ano 2000, fui atraído pela convocação da Universidade Católica de Santos, anunciando prazo para o exame de qualificação para o curso de mestrado em Direito, e elegi duas matérias importantíssimas como as de concentração: Direito Internacional (concentração: Ordem Jurídica Internacional) e Direito Ambiental.

Cuidei de preparar-me, fiz o exame e consegui a qualificação.

Daí para a frente, vivi momentos felizes, com a convivência entre pessoas altamente qualificadas, tanto aquelas que comigo se sentavam como alunos quanto aquelas que, sem cansaço, se dedicavam a nos oferecer os conhecimentos que ainda não tínhamos a respeito das diversas matérias que constituíam o mestrado. Assim, auxiliares ou principais, as matérias eram as seguintes: Direito Ambiental e Saúde Pública, Direito Ambiental Econômico, Responsabilidade Civil (tópicos especiais: Direito Constitucional e Direito Ambiental Europeu), Direitos Humanos I, Fenomenologia das Coletividades e Direitos Humanos II.

Registro a minha homenagem e meus agradecimentos aos Doutores dedicados a ministrar as matérias: Ângelo Trigueiros, Cristiane Derani,

Ruy Geraldo de Camargo Vianna, Maria Paula Dallari Bucci, Alcindo Fernandes Gonçalves e Luiz Sérgio Modesto.

Cinco anos depois de redigido este texto, a situação não mudou, especialmente aquela tangentes à pobreza dos povos de alguns países que viviam sob o regime de quase escravidão. Esses povos continuam submetidos à humilhação, à sobrevivência sub-humana, sem moradia, saúde e escola.

Por parcos salários, com disciplinas férreas, trabalham por 10 a 12 horas por dia, sob intensa vigilância, produzindo riquezas às multinacionais, verdadeiras carrascas de suas vidas.

Não há tratados internacionais que vislumbrem uma melhoria da situação, ninguém se interessa. Grave é a insensibilidade.

O Brasil não está fora, apesar da potencialidade reconhecida de sua população. Continua havendo escravização econômica e financeira, exercida pelos países do primeiro mundo. Não vê quem não quer!

> Vivemos num mundo de transformações, que afetam quase todos os aspectos do que fazemos. Para o bem ou para o mal, estamos sendo impelidos rumo a uma ordem global que ninguém compreende plenamente, mas cujos efeitos se fazem sentir sobre nós.[1]

Em seu último mandato, o Presidente Luiz Inácio Lula da Silva apregoou, com toda a energia da propaganda, que o Brasil teria pago o saldo final da dívida externa. Já seria até credor do Fundo Monetário Internacional (FMI)!

Longe disso! Em novembro de 2009, a imprensa alardeou que a dívida externa atinge US$ 230 bilhões. O que foi pago ao FMI quitou o crédito com aquela instituição (US$ 5 bilhões). E os demais credores?

---

1 GIDDENS, Anthony. Mundo em descontrole: o que a globalização está fazendo de nós. Record: Rio de Janeiro, 2000, p. 17-8.

Esquece-se dos inúmeros reflexos que andam juntos na política financeira. A dívida interna já se aproxima de R$ 1 trilhão e meio. As dívidas externas dos Estados, sabe-se lá a quanto vão. Quanto ao enorme volume dos precatórios judiciais, de número incalculável, assumo o risco de afirmar que nunca será pago.

A grande novidade! Sem nenhuma consulta às autoridades militares envolvidas no exame das ofertas (pelo menos mais duas, Estados Unidos e Suécia), é firmado o compromisso de compra de aviões e submarinos da França, que atinge mais de R$ 30 bilhões.

E o grande objetivo social do governo? A pobreza se alastra. Contamos, hoje, com mais de 14 milhões de pessoas sem a mínima escolaridade, além de uma situação abaixo da linha de pobreza. O desemprego atinge 10% da população.

É o governo do descalabro. Deseja-se impingir aos Poderes Legislativo e Judiciário regras primárias de comando imperialista: façam o que eu mando!

Aqui, é claro, o registro é o do alimento à vaidade política, própria do dirigente que tende à ditadura.

Terminada a Segunda Guerra Mundial, em 1945, em seguida, gloriosamente, em 1948, para resolver todos os problemas de desigualdade entre os homens, surge a Declaração Universal dos Direitos Humanos, peça de significação singular a trazer esperança para todos. Pouco tem valido. Não se dá importância a ela, a não ser para citação em belas, bem escritas e profundas peças jurídicas para rebater, muitas vezes, a comum desconsideração e o desrespeito aos direitos mínimos.

Nenhuma atualização há de ser feita, vez que entendo que o texto é de absoluta atualidade.

Aproveitem a leitura!

São Paulo, dezembro de 2010.

O Autor

Introdução ao tema

Fora dos portões dourados: os perdedores da globalização

Nos Salões Centrais, deusas radiantes vestem os hóspedes com aconchegantes peles de sabre, entretêm-nos com as melodias mais harmoniosas e alimentam-nos com caldo de pata de camelo, tangerinas pungentes e laranjas amadurecidas em meio à geada. Além dos portões dourados, o vinho azeda, a carne apodrece. Do lado de fora, jazem os ossos dos que pereceram de frio ou de fome. O florescimento e o fenecimento situam-se a apenas alguns passos de distância.[1]

---

1 MICKLETHWAIT, John; WOOLDRIDGE, Adrian. *O futuro perfeito*: os desafios e as armadilhas da globalização, p. 282. Segundo os autores, o trecho foi extraído de uma descrição da Corte Imperial Chinesa no século VIII, pelo poeta TuFu.

Para refletir sobre o texto e compará-lo com o retrato mundial no que se refere à globalização e aos direitos humanos.

Quando apresentei à coordenadora-geral de pós-graduação *stricto sensu* e pesquisa da Universidade Católica de Santos o plano de pesquisa sobre o tema da minha dissertação de mestrado, estava eu envolvido num sentimento de revolta com a reconhecida "escravização econômica e financeira do Brasil pelos países do primeiro mundo". Não entendia como um país com as potencialidades brasileiras, com sua população constituída de um povo humilde, cordato e resignado, pudesse andar sempre em retrocesso no pertinente aos mínimos progressos que se espera com o trabalho e o empenho dos homens e do governo.

Pretendo com este escrito levar a todos os que o lerem o entendimento claro das abordagens que encerram o tema principal – direitos humanos.

OS DIREITOS HUMANOS E OS EFEITOS DA GLOBALIZAÇÃO

No curso de mestrado na Universidade Católica de Santos, estudando com afinco a matéria "Direitos humanos" por dois semestres, cadeira ministrada pelos professores Dra. Maria Paula Dallari Bucci e Dr. Alcindo Fernandes Gonçalves, em razão da extensão dos estudos, nunca arrefecidos, quanto à evidência da interpolação dos direitos humanos em todas as suas gerações nos aspectos nacional e internacional, aflorou-me a ideia da pesquisa em torno do tema, que pretendi desenvolver enfocando, principalmente, os problemas pertinentes aos povos que ainda hoje clamam pelos mínimos direitos outorgados pelas Declarações, pelos Protocolos, pelas Convenções, pelos Pactos ou Tratados Internacionais pertinentes aos direitos humanos.

Em um primeiro momento, poderá parecer que a nominação do tema esteja distante do espírito da exposição. Mas, em verdade, na condição de cidadão brasileiro, interessado pela vida com dignidade dos meus compatriotas, vejo que a cada ano se exacerbam as condições de pobreza e até de miserabilidade de uma grande parte da população, num instante em que as organizações internacionais, especialmente desde o término da Segunda Guerra Mundial, mostram ao mundo a preocupação com a restauração da humanidade no que respeita aos seus direitos básicos. E a Segunda Guerra acabou há 65 anos. A Declaração Universal dos Direitos do Homem surge em 1948 como marco indelével de motivação para que os direitos humanos sejam restaurados ou criados por meio das reformas constitucionais das nações.

Países literalmente destruídos pela guerra já se reconstruíram e se aliaram à ideia do respeito e da expansão possível aos direitos dos homens, no sentido do engrandecimento e soerguimento, com alicerce seguro para o seu permanente desenvolvimento, convencidos de que uma nação forte se constitui de um povo forte.

O Brasil é um país pobre, inseguro e, até agora, sem horizonte. Sem contar com o período imperial, circunstanciando apenas o tempo da república, entendo não ter havido, politicamente, o desejo da construção de uma nação independente social, política, cultural e economicamente.

Somos submissos às novidades do Primeiro Mundo, para as quais estamos sempre à disposição, e esquecemos que, internamente, existem problemas de tal monta, que um século não bastará para as soluções, considerando a erosão promovida pela depredação moral, econômica, social e cultural deixada acontecer.

É possível que a globalização não seja a única vilã das causas que levaram o Brasil à situação de penúria financeira em que se encontra. No entanto, a julgar pelos acontecimentos históricos, da permanente falta de recursos para a realização dos projetos sociais, a sede de arrecadação tributária, sempre com o objetivo de equilibrar os orçamentos, para fazer face aos pagamentos dos serviços das dívidas externas, sugere a submissão aos órgãos financeiros internacionais, já que sabemos das exigências de tais órgãos para a concessão dos empréstimos. Esse lado das operações financeiras é parte importante da globalização, aliado à implantação, por diversos meios, das empresas multinacionais.

O Brasil, efetivamente, nas décadas de 1960, 1970 e 1980, experimentou um grande surto de instalações de empresas estrangeiras nos mais diversos segmentos (indústria, comércio e bancos). Este país é, portanto, alvo da exploração da globalização.

Crescem os compromissos internacionais. Somos sensíveis a todos os acontecimentos anômalos que diariamente se registram nas economias do Primeiro Mundo. Pergunta-se: o Brasil, segregado dessa globalização, estaria sujeito aos seus efeitos? Ou é obrigado à sua filiação?

Esvaindo-se os recursos para pagamento de dívidas ou com a remessa de dividendos das empresas multinacionais para as suas matrizes no exterior, devemos entender que a globalização, como se apresenta, inibe o desenvolvimento dos projetos sociais no Brasil.

Assim, propõe-se a abordagem do tema escolhido refletindo-se sobre as questões essenciais quanto: às várias declarações ou pactos sobre direitos humanos; aos aspectos nacionais e internacionais da globalização dos pontos de vista legal, empresarial e econômico; ao papel do Brasil na globalização internacional; e à avaliação dos problemas brasileiros no respeitante aos direitos humanos e os efeitos da globalização.

Rubens Ricupero, em depoimento importante a respeito da situação brasileira, afirma:

> As duas décadas finais do século XX foram, no Brasil, as de mais medíocre desempenho em matéria de crescimento econômico, merecendo serem consideradas como as da crise do desenvolvimento

nacional. Em termos mundiais, é nesses vinte anos que toma corpo a intensificação da integração das economias em escala planetária – finanças, investimento, comércio –, que se convencionou batizar de *globalização*. Em momento anterior do século, caracterizado por menor grau de integração – o da Depressão dos anos 1930, da Segunda Guerra Mundial e, especialmente, a fase do pós-guerra, de 1945 a 1980 –, a economia brasileira conheceu expansão muito mais satisfatória do que nesta etapa inicial da globalização – o que não deixa de ser um paradoxo, pois, em tese, segundo seus apologistas, a globalização deveria acelerar o crescimento geral e impulsionar, em particular, o dos países em desenvolvimento. Como explicar que a crise do desenvolvimento brasileiro tenha coincidido com o início da globalização e, ao contrário, o país tivesse conseguido industrializar-se quando substituía as importações? Trata-se de mera coincidência, no tempo, de fenômenos de causas distintas, ou existiria entre eles alguma relação?

Ainda que se aceite que a simultaneidade temporal das duas tendências não estabelece nexo de causa e efeito entre ambas, não há como negar psicologicamente o caráter perturbador da coincidência, nem a tentação de sonhar que talvez dose menor e controlada de globalização nos permitisse retornar à idade dourada do crescimento acelerado que deixamos para trás. É nesse ponto que intervém o pensamento dominante para dizer-nos que, se alguma vez essa opção foi verdadeira ou útil, ela deixou de ser viável, pois não haveria agora mais do que um único caminho para o desenvolvimento: o da mais rápida e completa integração possível com a economia mundial.[2]

---

2 RICUPERO, Rubens. *O Brasil e o dilema da globalização*, p. 11 e seguintes.

De modo geral, quem pensa no futuro do Brasil é tomado de perplexidade ao ver que todo e qualquer plano de desenvolvimento se constrói de forma lenta, como os investimentos em infraestrutura, por exemplo, quase sempre interrompidos por falta de recursos.

Como dito por Ricupero "[...] não haveria agora mais do que um único caminho para o desenvolvimento: o da mais rápida e completa integração possível com a economia mundial". Irreversível, pois, a tentativa única da integração à globalização.

No entanto, até que seja possível a integração, muitos obstáculos terão que ser transpostos. O caminho será árduo em razão dos danos irreparáveis até agora registrados e mesmo pelos óbices criados pelas potências econômicas. Necessária, da parte do Brasil, uma férrea vontade política, no sentido de começar a impor condições que lhe sejam favoráveis no assentamento de novo rumo de um comércio exterior lucrativo.

Vivemos num mundo de transformações, que afetam quase todos os aspectos do que fazemos. Para bem ou para mal, estamos sendo impelidos rumo a uma ordem global que ninguém compreende plenamente mas cujos efeitos se fazem sentir sobre todos nós.[3]

Num primeiro momento, averigua-se que a globalização vem causando desarranjo econômico, favorecendo cada vez mais os ricos e empobrecendo ainda mais os já pobres.[4]

Dentre os países mais atingidos pelos efeitos da globalização encontram-se os chamados periféricos, incluindo-se nessa categoria o Brasil. Esses países tiveram os seus mercados invadidos pelos países economicamente ricos, fato que ocasionou o declínio da produção industrial daqueles e, como consequência, a redução de empregos. As novas tec-

---

3 GIDDENS, Anthony. *Mundo em descontrole*: o que a globalização está fazendo de nós, p. 17-8.
4 *Informativo ADCOAS*. Artigo de Rubens Approbatto Machado (em retalhos). Informações Jurídicas e Empresariais, Ano V, n. 42, novembro de 2001, p. 6-7.

nologias afastaram do mercado de trabalho inúmeros trabalhadores não qualificados, agravando a situação econômico-social do país.

Os países desenvolvidos, principalmente os europeus, os quais se encontram perfeitamente integrados à globalização, estabeleceram critérios graduais quanto à aderência à globalização, buscando contudo evitar traumas à população e ao sistema produtivo.

A ocupação desenfreada do mercado de consumo brasileiro, um dos maiores do mundo, ocasionou o fechamento de várias fábricas e empresas, o que agravou ainda mais a situação econômico-social do país, aumentando o índice de desemprego.[5]

O Poder Executivo preocupou-se mais em atender às pressões do capital que às necessidades sociais. E, para tanto, justifica que a flexibilização proporcionaria condições para que o capital estrangeiro se instalasse no país, por meio da criação de investimentos e de novos empregos.

Deveria a globalização transformar-se em veículo de disseminação de benefícios, não se circunscrevendo apenas à questão dos mercados. Globalização não pode ser apenas questão comercial e financeira.[6]

A preocupação de todos é também preocupação do Presidente da República Luiz Inácio Lula da Silva quando se expressa à Presidenta da Finlândia Tarja Halonen, em almoço a esta oferecido, no dia 31 de outubro de 2003, desta forma: "Se a globalização é inevitável, isso não significa que devemos nos reconciliar, de forma fatalista, a seus efeitos perversos"[7].

O presidente disse, no mesmo discurso, que é preciso tornar o processo de globalização mais equitativo e inclusivo:

---

5 Idem, ibidem, p. 6-7.
6 Idem, ibidem, p. 6-7.
7 *Folha de S. Paulo*, edição de 1º de novembro de 2003, p. A11.

Não precisamos aceitar que o preço da modernização – do ganho em competitividade e eficiência – seja a marginalização, o empobrecimento e a desesperança daqueles que ficaram para trás.

David Held e Anthony McGrew afirmam que:

> A globalização econômica contemporânea, de acordo com um relatório recente do Programa de Desenvolvimento das Nações Unidas (UNDP), está associada a uma defasagem acelerada entre os Estados ricos e pobres e entre os povos na economia global (UNDP, 1999). Ao determinar a localização e a distribuição da riqueza e da capacidade produtiva na economia mundial, a globalização define e reformula os padrões globais de hierarquia e desigualdade. Isso tem implicações profundas na segurança humana e na ordem mundial, na medida em que as desigualdades globais condicionam as oportunidades de vida dos indivíduos e das coletividades, para não falar em criar as precondições de um mundo mais instável e desregrado (Herod et al., 1998; Hurrel, 1999). Não surpreende que o problema da desigualdade global se tenha tornado uma das questões mais prementes e controvertidas da agenda global. [8]

Não há notícias de que tenha sido, em algum momento, motivo de um estudo internacional a regulação dos largos objetivos que deveriam nortear a globalização, no sentido primordial de assentar-se benefícios sociais aos povos dos países mais pobres. Enquanto prevalecer o fito da especulação comercial e financeira por parte dos países ricos, cada vez mais pobres irão se tornar periféricos.

---

8 *Prós e contras da globalização*, p. 69.

John Micklethwait e Adrian Wooldridge nos dão conta de movimento promovido pelos inimigos da globalização, com uma advertência divulgada em princípios de 1999, que se reproduz:

> Se a globalização for governada apenas pelas leis de mercado, sempre a serviço dos poderosos, as consequências não serão outras senão negativas. É o caso, por exemplo, do absolutismo da economia, como causa de desemprego, de redução e deterioração dos serviços públicos, de destruição do meio ambiente e dos recursos naturais, do distanciamento crescente entre ricos e pobres, da concorrência injusta que condena os países pobres a uma situação de crescente inferioridade... Cada vez mais prevalece em muitos países das Américas um sistema reconhecido como neoliberalismo; baseado em visão meramente econômica da humanidade, tal sistema adota como único parâmetro o lucro e as leis de mercado, em detrimento da dignidade e do respeito devidos aos indivíduos e aos povos. [9]

O texto transcrito é atribuído pelos autores a um dos homens que mais contribuiu para turbinar a velocidade da globalização, Karol Wojtyla:

> Como arcebispo de Cracóvia, Karol Wojtyla atuou como líder oficioso da resistência polonesa ao domínio comunista; em 1978, ao ser eleito Papa João Paulo II, ele globalizou a causa, reforçando a cruzada contra o comunismo com o peso da Igreja Universal. Os empresários e banqueiros que mais tarde inundaram o antigo bloco soviético, durante a década de 1990, não portavam cartazes com o retrato do papa, ao contrário dos trabalhadores poloneses grevistas,

---

9 *O futuro perfeito*: os desafios e as armadilhas da globalização, p. 307.

nos momentos mais heroicos da década de 1980, mas lhe eram gratos pela ajuda inestimável na demolição da maior barreira já imposta ao domínio planetário do capitalismo de mercado. [10]

Ainda de *O futuro perfeito*:

Contudo, à medida que se desenrolava a década passada, o papa se mostrava cada vez mais intranquilo com sua própria criatura. Ao contemplar a proliferação do pecado, do egoísmo e da desigualdade, manifestou o receio de que o "capitalismo desenfreado" representasse pouco progresso em relação ao "marxismo selvagem". Em sua Exortação Apostólica à Igreja Católica nas Américas, em janeiro de 1999, do qual foi extraído o trecho anterior, ele instou os padres a não apenas servir aos pobres, mas também a persuadir os ricos a renegar os falsos ídolos do globalismo, em nome do único e verdadeiro Deus. A globalização começava a assumir em sua vida o mesmo papel do comunismo no passado.

E de modo algum o papa está sozinho em suas preocupações. George Soros, que mais do que ninguém colheu os doces frutos da globalização, provavelmente concorda com cada palavra da admoestação papal. Assim também outro beneficiário do desmoronamento das barreiras internacionais, Nelson Mandela. "Será que a globalização favorece apenas os poderosos, os financistas, especuladores investidores e operadores?", indagou furioso o líder sul-africano aos figurões reunidos no Fórum Econômico Mundial de Davos, em 1999. "Será que nada têm a oferecer às mulheres e às crianças devastadas pela violência da pobreza?"[11]

---

10 Idem, ibidem, p. 307.
11 Idem, ibidem, p. 308.

É fundamental e urgente que o mundo pense em dar estrutura jurídica à globalização no sentido de regrá-la de maneira uniforme e suportável pelos países necessitados de seus favores. Se a globalização é irreversível, que todos os povos adiram a ela, visando a construção unida de um desenvolvimento integrado para benefício de todo o mundo. Ainda nos socorrendo de *O futuro perfeito*, encontramos texto precioso, que se reproduz a seguir:

> O colapso da União Soviética aumentou a arrogância dos Estados Unidos, que passaram a considerar-se donos do mundo e começaram a promover o que chamam de nova ordem mundial [...]. Hoje, os Estados Unidos adotaram um duplo padrão, chamando de terroristas todos os que se voltam contra suas injustiças. Os americanos querem ocupar nossos países, roubar nossos recursos e impor-nos agentes para o exercício de sua dominação [...] e querem que concordemos com tudo isso.[12]

Exteriorizando declarações e pregações decorrentes da ira de Osama Bin Laden contra produtos americanos e a favor, inclusive, da expulsão dos americanos dos países muçulmanos, resulta o brado de que: "A nova ordem mundial, de acordo com Bin Laden, nada mais é do que uma trama americana".

Por fim, o que se requer é uma nova ética global que reconheça "o dever de cuidar" além das fronteiras, bem como dentro delas, e uma nova negociação global entre nações ricas e pobres. Isso implica repensar a democracia social como um projeto puramente nacional, reconhecendo que, para continuar eficaz num mundo que se globaliza, ela tem de estar inserida num sistema reformulado e muito mais forte

---

12 Idem, ibidem, p. 313.

de gestão global, que procure combinar a segurança humana com a eficiência econômica (Held, 1995; Giddens, 1999; UNDP, 1999).[13]

Na opinião deste autor, ao avaliar a gestão global, visando a um sistema que objetive dar solidez aos povos, não se pode hoje ignorar a importância do mundo globalizado em todos os horizontes. A política dos Estados deve esforçar-se para organizar sua atuação, vislumbrando a estruturação econômica em perfeita harmonia com a estruturação social. Não se pode admitir o divórcio entre as duas posturas. Tampouco, na Ordem Jurídica Internacional se pode adiar a inclusão da globalização no sistema da legislação dos tratados, dando juridicidade a esse fenômeno que movimenta o mundo em matéria financeira. Tratados internacionais que limitem e regrem os procedimentos, no sentido de se evitar a exploração desmedida dos países ricos em relação aos países pobres, como vem acontecendo.

Pretensiosa, mas desejável, é a definição urgente por meio de tratados, da integração política e social de todos os países.

A respeito da reconstrução de um projeto social democrático, subtraio de *Prós e contras da globalização*:

> A reconstrução de um projeto social democrático exige a busca coordenada de programas nacionais, regionais e globais que regulem as forças da globalização econômica – a garantia, em outras palavras, de que os mercados globais comecem a servir às populações do mundo, e não o inverso.
>
> Estender a democracia social para além das fronteiras também depende de fortalecer os laços de solidariedade entre as forças sociais, nas diferentes regiões do mundo, que procuram contestar ou resistir aos termos da globalização econômica contemporânea. As-

---

13 HELD, David; MCGREW, Anthony. *Prós e contras da globalização*, p. 73.

sim como o sistema de Bretton Woods criou uma ordem econômica mundial conducente à busca da democracia social nacional, faz-se necessário um novo pacto (social democrático) global, afirmam muitos globalistas, para domar as forças da globalização econômica e criar uma ordem mundial mais justa e mais humana. [14]

Neste capítulo "Introdução ao tema", concentraram-se elementos gerais que nortearão o texto da obra, esperando que seja compreendido pelos interessados. Não se trata de uma exposição fácil.

Como final deste introito, cabe-me definir ou identificar o que entendo por direitos humanos e por globalização, definições estas que prevalecerão em toda a exposição.

Escolhida dentre muitas, por singela e expressiva, adoto para mim a definição de direitos humanos de Perez Luño:

> Um conjunto de faculdades e instituições que, em cada momento histórico, concretizam as exigências da dignidade, da liberdade e da igualdade humanas, as quais devem ser reconhecidas positivamente pelos ordenamentos jurídicos em nível nacional e internacional. [15]

Dignidade, liberdade e igualdade são direitos fundamentais básicos reconhecidos na Declaração dos Direitos do Homem e do Cidadão, de 1789, fruto da revolução que provocou a derrocada do Antigo Regime e a instauração da ordem burguesa na França.[16]

Das pesquisas levadas a efeito, por mais profundas que tenham sido, não vi disposição dos autores da globalização em arriscar uma defini-

---

14 Idem, ibidem, p. 73-4.
15 Apud MORAES, Alexandre de. *Direitos humanos fundamentais*: teoria geral, p. 40.
16 SARLET, Ingo Wolfgang. *A eficácia dos direitos fundamentais*, p. 47.

ção para o fenômeno. O que escreveram até agora reflete a história de como a globalização apareceu e o que a vem motivando.

Corro o risco de assentar, se não a definição ideal para os cientistas da área, aquela que para mim poderia ser o ponto respeitável da esperança para o mundo sobre a globalização.

Entendo que *globalização*, hoje, é o termo que identifica a interpolação dos interesses gerais de todos os países do mundo, compreendido aqui o intercâmbio geral econômico, financeiro, cambial, comercial, social, diplomático e de integração cultural e científica dos povos.

A globalização há de ser integradora, como denota a definição, e não desigualadora como a que vem sendo sentida, com vista apenas aos objetivos econômicos.

Milton Santos, referido por Karine de Souza Silva, diz que: "[...] a globalização deixa de ser uma simples palavra para se tornar um paradigma do conhecimento sistemático da economia, da política, da ciência, da cultura, da informação e do espaço".[17]

Após esta introdução, serão explorados os frutos de meus estudos sobre direitos humanos e sobre globalização, finalizando a obra com a necessária conclusão.

---

17 SILVA, Karine de Souza. *Globalização e exclusão social*, p. 39.

Parte 1

OS DIREITOS HUMANOS

1
Doutrina e tratados dos direitos humanos

1.1 Direitos humanos – conceitos e características 17
1.2 A Carta Internacional de Direitos Humanos: a Declaração dos Direitos do Homem
   (10 de dezembro de 1948) e os Pactos de 1966 .24
1.3 Os tratados e convenções internacionais de direitos humanos 31
1.4 A Declaração e Programa de Ação de Viena 48
1.5 Globalização econômica, integração regional e direitos humanos 62
1.6 Os aspectos das garantias individuais e sociais 69

1.1 DIREITOS HUMANOS – CONCEITOS E CARACTERÍSTICAS

Como conceituaríamos direitos humanos?

Primeiramente, esboço pontos importantes da história dos direitos humanos.

Ingo Wolfgang Sarlet pesquisa a origem dos "direitos fundamentais", concluindo:

> Ainda que consagrada a concepção de que não foi na Antiguidade que surgiram os primeiros direitos fundamentais, não menos verdadeira é a constatação de que o mundo antigo, por meio da religião e da filosofia, nos legou algumas das ideias-chave que,

posteriormente, vieram a influenciar diretamente o pensamento jusnaturalista e a sua concepção de que o ser humano, pelo simples fato de existir, é titular de alguns direitos naturais e inalienáveis, de tal sorte que esta fase costuma também ser denominada, consoante já ressaltado, de "pré-história" dos direitos fundamentais. De modo especial os valores da dignidade da pessoa humana, da liberdade e da igualdade dos homens encontram suas raízes na filosofia clássica, especialmente greco-romana, e no pensamento cristão. Saliente-se, aqui, a circunstância de que a democracia ateniense constituía um modelo político fundado na figura do homem livre e dotado de individualidade. Do Antigo Testamento herdamos a ideia de que o ser humano representa o ponto culminante da criação divina, tendo sido feito à imagem e semelhança de Deus. Da doutrina estoica greco-romana e do cristianismo advieram, por sua vez, as teses da unidade da humanidade e da igualdade de todos os homens em dignidade (para os cristãos, perante Deus).[18]

Recorro a Alexandre de Moraes, para quem Direitos Humanos são:

> O conjunto institucionalizado de direitos e garantias do ser humano que tem por finalidade básica o respeito a sua dignidade, por meio de sua proteção contra o arbítrio do poder estatal e o estabelecimento de condições mínimas de vida e desenvolvimento da personalidade humana pode ser definido como *Direitos Humanos Fundamentais*.[19]

Exploro a posição de Perez Luño, que nos apresenta uma definição completa sobre os direitos humanos, considerando-os:

---

18 SARLET, Ingo Wolfgang. *A eficácia dos direitos fundamentais*, p. 40 e seguintes.
19 MORAES, Alexandre de. *Direitos humanos fundamentais*: teoria geral, p. 39.

Um conjunto de faculdades e instituições que, em cada momento histórico, concretizam as exigências da dignidade, da liberdade e da igualdade humanas, as quais devem ser reconhecidas positivamente pelos ordenamentos jurídicos em nível nacional e internacional.[20]

Flávia Piovesan reproduz conceitos de Perez Luño, que convém ressaltar, embasando a sua definição:

Os valores constitucionais possuem uma tripla dimensão: a. fundamentadora – núcleo básico e informador de todo o sistema jurídico-político; b. orientadora – metas ou fins predeterminados, que fazem ilegítima qualquer disposição normativa que persiga fins distintos, ou que obstaculize a consecução daqueles fins enunciados pelo sistema axiológico constitucional; e c. crítica – para servir de critério ou parâmetro de valoração para a interpretação de atos ou condutas. [...] Os valores constitucionais compõem, portanto, o contexto axiológico fundamentador ou básico para a interpretação de todo o ordenamento jurídico; o postulado-guia para orientar a hermenêutica teleológica e evolutiva da Constituição; e o critério para medir a legitimidade das diversas manifestações do sistema de legalidade.[21]

Posição contrária a tudo, a de Tupinambá Nascimento.[22] Afirma ele não ser fácil a definição de direitos humanos, não se conseguindo chegar a um resultado satisfatório e exato.

---

20 Apud idem, ibidem, p. 40.
21 Apud PIOVESAN, Flávia. *Direitos humanos e o direito constitucional internacional*, p. 53.
22 Apud MORAES, Alexandre de. *Direitos humanos fundamentais*, p. 40.

Esses direitos estão relacionados com a garantia de não ingerência do Estado, na esfera individual, e a consagração da dignidade humana reconhecida pela maioria dos Estados, seja em nível constitucional, infraconstitucional, de direito consuetudinário ou mesmo por tratados e convenções internacionais.[23] Apresentam certas características: imprescritibilidade, inalienalibidade, irrenunciabilidade, inviolabilidade, universalidade, efetividade, interdependência e complementariedade. As previsões constitucionais possuem diversas intersecções para atingirem suas finalidades, e os direitos humanos não devem ser interpretados isoladamente, mas conjuntamente com sua finalidade.

Existe quanto à conceituação dos direitos humanos uma certa divergência. Alguns autores utilizam a expressão *direitos do homem*, outros, *direitos fundamentais* e outros, *direitos humanos*. Ocorre o emprego mais frequente das expressões *direitos humanos* ou *direitos do homem* pelos autores anglo-americanos e latinos em razão da tradição histórica, enquanto a expressão *direitos fundamentais* é utilizada pelos publicistas alemães.

Conforme ensinamentos de Konrad Hesse,[24] os direitos fundamentais têm por objeto criar e manter os pressupostos elementares de uma vida na liberdade e na dignidade humanas. Dessa forma, o autor tenta trazer-nos o significado preciso dos direitos fundamentais.

Carl Schmitt[25] estabeleceu dois critérios formais para a caracterização dos direitos fundamentais. Pelo primeiro critério, os direitos formais são todos os direitos ou garantias nomeados e especificados no instrumento constitucional. Pelo segundo, os direitos fundamentais são direitos que receberam um grau mais elevado de garantia ou

---

23 Apud idem, ibidem, p. 41.
24 Apud BONAVIDES, Paulo. *Curso de direito constitucional*, p. 514.
25 Apud idem, ibidem, p. 515.

de segurança da Constituição (ou são imutáveis ou de difícil modificação).

Corrobora o afirmado o defendido por Fernando Barcellos de Almeida, para quem os direitos humanos são:

> [...] as ressalvas e restrições do poder político ou as imposições a este, expressas em declarações, dispositivos legais e mecanismos privados e públicos, destinados a fazer respeitar e concretizar as condições de vida que possibilitem a todo ser humano manter e desenvolver suas qualidades peculiares de inteligência, dignidade e consciência, e permitir a satisfação de suas necessidades materiais e espirituais.[26]

É certo que, de um ponto em diante, confundem-se os direitos fundamentais com os direitos humanos, como estudados hoje em dia. Tanto que as chamadas gerações de direitos, fundadas no lema da Revolução Francesa "liberdade, igualdade e fraternidade", que resulta, exatamente, de que os direitos expressos são fundamentais, servem como inspiração ao mundo para a necessidade do seu respeito. Creditemos a mistura das denominações à falta de interesse em um estudo mais aprofundado, importando-nos, sim, com o resultado.

Os direitos humanos são dotados da seguinte fórmula de generalização e universalidade: liberdade, igualdade e fraternidade. Do exame dessas três chamadas gerações, resulta uma quarta, da qual também falaremos.

Dediquemo-nos a tal seleção:

---

26 Apud ROBERT, Cinthia; MARCIAL, Danielle. *Direitos humanos*: teoria e prática, p. 10.

A. Os direitos fundamentais da primeira geração

Os direitos da primeira geração[27] são os direitos da liberdade, os quais se referem aos direitos civis e políticos, não havendo Constituição que não os reconheça em seu texto.

Os direitos da primeira geração têm por titular o indivíduo, referem-se a faculdades ou atributos do indivíduo, são oponíveis ao Estado e subjetivos.

São exemplos de direitos fundamentais da primeira geração: o direito à liberdade e à segurança; o direito ao respeito pela vida privada e familiar; o direito à liberdade de pensamento, consciência e religião; o direito à liberdade de expressão e de informação; o direito de propriedade, com referência expressa à proteção da propriedade intelectual; e o direito à proteção em caso de afastamento, expulsão ou extradição.

B. Os direitos fundamentais da segunda geração

Os direitos da segunda geração[28] são os direitos sociais, culturais, econômicos e os direitos da coletividade. Encontram-se ligados ao princípio da igualdade, do qual não se podem separar, pois fazê-lo equivaleria a desmembrá-los da razão de ser que os ampara e estimula.

Os direitos fundamentais da segunda geração tendem a se tornar tão justiciáveis quanto os direitos fundamentais da liberdade, visto que recentes Constituições, inclusive a do Brasil, formularam o preceito da aplicabilidade imediata dos direitos fundamentais, que até então era exclusiva dos direitos da liberdade.

---

27 BONAVIDES, Paulo. *Curso de direito constitucional,* p. 515.
28 Idem, ibidem, p. 518.

São exemplos de direitos fundamentais da segunda geração: a igualdade perante a lei e a proibição da discriminação; o compromisso da União com o respeito à diversidade cultural, religiosa e linguística; a igualdade entre os homens e as mulheres em todos os domínios, incluindo emprego, trabalho e remuneração; o direito das crianças e das pessoas idosas; o direito da integração das pessoas com deficiência; o direito à saúde; o direito ao trabalho; o direito à educação; e o direito à moradia.

C. Os direitos fundamentais da terceira geração

Os direitos da terceira geração,[29] denominados *direitos da fraternidade*, são dotados de humanismo e universalidade. Não se destinam à proteção dos interesses de um indivíduo, de um grupo ou de um determinado Estado, mas sobre temas referentes ao desenvolvimento tanto dos Estados como dos indivíduos, à paz, ao meio ambiente, à comunicação e ao patrimônio comum da humanidade.

D. Os direitos fundamentais da quarta geração

Fundamentais são os de primeira, de segunda e de terceira gerações. Porém, o dinamismo social e os interesses difusos próprios das políticas internacionais nos trazem uma quarta geração de direitos,[30] e, com certeza, mais tarde, novas gerações aparecerão.

A globalização política na esfera da normatividade jurídica introduz os direitos da quarta geração, que correspondem à fase de institucionalização do Estado social.

---

29 Idem, ibidem, p. 522.
30 Idem, ibidem, p. 524.

São direitos da quarta geração o direito à democracia e o direito ao pluralismo.

Os direitos da quarta geração compreendem o futuro da cidadania e da liberdade de todos os povos. E somente por meio deles será possível e legítima a globalização política.

1.2 A CARTA INTERNACIONAL DE DIREITOS HUMANOS: A DECLARAÇÃO DOS DIREITOS DO HOMEM (10 DE DEZEMBRO DE 1948) E OS PACTOS DE 1966

Segundo José Augusto Lindgren Alves,[31] três são os pactos que dão estrutura às normas de proteção aos direitos humanos:

a Declaração Universal dos Direitos Humanos, firmada em 1948;
o Pacto Internacional sobre Direitos Civis e Políticos;
o Pacto Internacional sobre Direitos Econômicos, Sociais e Culturais.

Para o autor, a pedra fundamental do sistema, a Declaração Universal dos Direitos Humanos, foi o primeiro documento a estabelecer internacionalmente os direitos inerentes a todos os homens e mulheres, independentemente das situações particulares de cada um, que devem ser observadas em todo o mundo. Os dois Pactos, por sua vez, complementam a Declaração de 1948, conferindo aos direitos nela estabelecidos a força de obrigação jurídica que os respectivos Estados-partes se comprometem, voluntária e solenemente, a implementar.

A Declaração Universal dos Direitos Humanos é a raiz de todos os demais instrumentos normativos internacionais de direitos humanos. Elevou o indivíduo à condição de sujeito de direito na esfera internacional.[32]

---

31 *A arquitetura internacional dos direitos humanos*, p. 24.
32 Idem, ibidem, p. 30.

A Declaração Universal dos Direitos Humanos consiste num documento de convergência e síntese. Síntese, porque objetiva estruturar os direitos e as garantias que até à época nenhuma Constituição congregava. Convergência, por ser considerada uma espécie de carta de alforria para os povos que a subscreveram, emoldurando anseios e esperanças destes.

Em seu bojo sobressaem os seguintes artigos:

> Art. 1° Todas as pessoas nascem livres e iguais em dignidade e direitos. São dotadas de razão e consciência e devem agir em relação umas às outras com espírito de fraternidade.
>
> Art. 2° Toda pessoa tem capacidade de gozar os direitos e as liberdades estabelecidas nesta Declaração, sem distinção de qualquer espécie, seja de raça, cor, sexo, língua, religião, opinião política ou de outra natureza, origem nacional ou social, riqueza, nascimento, ou qualquer outra condição.
>
> Não será tampouco feita qualquer distinção fundada na condição política, jurídica ou internacional do país ou território a que pertença uma pessoa, quer se trate de um território independente, sob tutela, sem governo próprio, quer sujeito a qualquer outra limitação de soberania.
>
> [...]
>
> Art. 30. Nenhuma disposição da presente Declaração pode ser interpretada como o reconhecimento a qualquer Estado, grupo ou pessoa, do direito de exercer qualquer atividade ou praticar qualquer ato destinado à destruição de quaisquer dos direitos e liberdades aqui estabelecidos.

Verdadeiro diploma aos povos do mundo, coroando com maestria o privilégio tão esperado do reconhecimento da necessária liberdade de viver. Enfim!

Enquanto os arts. 3º a 27 da Declaração cuidam de direitos individuais, o art. 28 defende o direito a uma "ordem social internacional", em que os direitos humanos possam ser realizados.[33] Eis a íntegra do art. 28: "Toda pessoa tem o direito a uma ordem social e internacional em que os direitos e liberdades estabelecidos na presente Declaração possam ser plenamente realizados".

Se a realização dos direitos e liberdades, em diversos países, depende de recursos financeiros, por que não se esperar que a globalização possa ser objeto de estudo para o seu enquadramento na "ordem jurídica internacional", por meio de Tratado, com vistas a permitir que parte dos recursos auferidos com os serviços pagos pelos países devedores sejam revertidos em favor de projetos sociais?

O art. 30 procura evitar uma aplicação distorcida da Declaração, ao negar reconhecimento a qualquer Estado, grupo ou pessoa, do direito de exercer qualquer atividade ou ato destrutivo dos direitos ou liberdades nela estabelecidos.

Três anos após a redação da Carta das Nações Unidas, foi elaborada a Declaração Universal dos Direitos Humanos. Em 1966, dois pactos internacionais pretendiam: um, tornar mais preciso determinado número de direitos dos indivíduos conforme o desejo dos Estados Ocidentais; e o outro, tornar mais precisos os direitos econômicos, sociais e culturais conforme o anseio dos Estados socialistas. Esses dois pactos possuem um primeiro artigo comum onde se afirma o princípio do direito dos povos a dispor de mecanismos, o que lhes assegura o livre desenvolvimento econômico, social, cultural e a dispor de suas riquezas e de seus recursos livremente.

O artigo comum a esses dois pactos procura efetuar uma junção entre duas representações diferentes, uma democrática (representada

---

33 Idem, ibidem, p. 29.

pela Declaração dos Direitos do Homem e do Cidadão) e outra que afirma a plena autoridade do Estado.

Para esclarecimento do que se afirma, reproduzo:[34]

> **a.** Pacto Internacional sobre Direitos Civis e Políticos (1966): "Art. 1° Todos os povos têm direito à autodeterminação. Em virtude desse direito, determinam livremente seu estatuto político e asseguram livremente seu desenvolvimento econômico, social e cultural [...]".
> **b.** Pacto Internacional sobre Direitos Econômicos, Sociais e Culturais (1966): "Art. 1° Todos os povos têm direito à autodeterminação. Em virtude desse direito, determinam livremente seu estatuto político e asseguram livremente seu desenvolvimento econômico, social e cultural [...]".

O conjunto dos três instrumentos configura a "Carta Internacional de Direitos Humanos" *(International Bill of Human Rights)*.

Para a elaboração dessa Carta de Direitos, ou *International Bill of Human Rights*, como primeiro passo no sentido de "promover e encorajar o respeito aos direitos humanos e liberdades fundamentais de todos, sem distinção de raça, sexo, língua ou religião" – propósito consagrado no Artigo 1°, parágrafo 3°, da Carta de São Francisco – o Conselho Econômico e Social das Nações Unidas (Ecosoc), já em sua primeira sessão, decidiu, pela Resolução 5 (I), de 1946, criar uma comissão funcional, originalmente integrada por peritos individuais – conhecida em retrospecto como comissão "nuclear" – e, logo em seguida, na segunda sessão, ainda em 1946, pela Resolução 9 (II), transformá-la em foro intergovernamental. A Comissão dos Direitos Humanos das

---

34 LEFORT, Claude. "O direito internacional, os direitos do homem e a ação política". In: *Revista de Sociologia da USP (Tempo Social)*, v. 12, n. 1, maio de 2000, p. 4.

Nações Unidas, sediada em Genebra, hoje integrada por 53 Estados eleitos pelo Ecosoc para mandatos de três anos, constitui, desde então, o principal órgão de escopo universal com competência na matéria.[35]

A Declaração Universal dos Direitos Humanos é, sem dúvida, um dos mais importantes documentos de toda a História da humanidade. Foi redigida e adotada em menos de três anos. Os dois pactos que a completam conferem-lhe a força obrigatória de ato jurídico conforme o direito internacional. Assim, meramente orientadora e referencial é a Declaração Universal, como no caso de qualquer declaração, e juridicamente obrigatórios são os pactos, como no caso de todos os tratados e convenções, cujos efeitos legislativos internacionais e domésticos exigem assinatura e ratificação dos Estados participantes.

Os Estados-partes consideram a Declaração Universal dos Direitos Humanos um verdadeiro referencial do Estado de Direito. A legitimidade de um governo é abalizada pelo maior ou menor respeito político às disposições da Declaração.[36]

A Declaração é um mecanismo de aferição da legitimidade dos Estados soberanos. Sua repercussão, no âmbito nacional dos Estados, depende do grau de integração que a Carta obteve no direito constitucional dos países.

A Declaração Universal dos Direitos Humanos não é o "mínimo denominador comum de distintos sistemas e culturas", mas "o ideal a ser atingido por todos os povos e todas as nações".[37]

Em decorrência da discordância sobre similitudes e distinções entre direitos civis e direitos políticos de um lado e direitos culturais, sociais e econômicos de outro, a Assembleia Geral das Nações Unidas decidiu-se pela elaboração de dois pactos.

---

35 ALVES, José Augusto Lindgren. *A arquitetura internacional dos direitos humanos,* p. 24-5.
36 Idem, ibidem, p. 25.
37 Idem, ibidem, p. 27.

Os dois pactos que complementam a Declaração Universal dos Direitos Humanos levaram quase trinta anos para o início da sua vigência em virtude da sua forma juridicamente obrigatória.

Os direitos civis e políticos seriam realizados "contra o Estado", enquanto os direitos culturais, sociais e econômicos seriam realizados "pelo Estado". Os primeiros são jurisdicionáveis e passíveis de monitoramento, enquanto os últimos são realizados conforme os meios disponíveis. Não poderiam, em tese, ser objeto de ação judicial, o que é bastante controvertido, e são de difícil monitoramento.

Essa diferenciação não foi o fator que levou à demora na confecção dos dois pactos. O verdadeiro motivo foi a dificuldade de se chegar a um consenso quanto à forma de sua implementação. Essa dificuldade foi causada pela postura defensiva de países socialistas e pela recusa de países de diferentes ideologias em aceitar um controle externo.

O Pacto Internacional Sobre Direitos Civis e Políticos descreve, aprofunda, amplia e modifica o conjunto de direitos humanos ou "de primeira geração", constantes da Declaração Universal dos Direitos Humanos. Os países que o ratificam obrigam-se a respeitá-los e garanti-los por meio de medidas legislativas ou de outra natureza.[38]

O Pacto tem conteúdo normativo, enuncia e regulamenta quase todos os direitos estabelecidos na Declaração Universal dos Direitos Humanos, exceto o direito à propriedade. A omissão deu-se em virtude da falta de consenso entre os países ocidentais e os do bloco socialista. Trata-se de controvérsia dificilmente solucionável.

O art. 4º do Pacto Internacional sobre Direitos Civis e Políticos enuncia os direitos que são inderrogáveis e a forma de sobrestar a vigência de direitos passíveis de suspensão em estado de emergência.[39]

---

38 Idem, ibidem, p. 35.
39 Idem, ibidem, p. 37.

Transcrevo:

Art. 4º

1. Quando situações excepcionais ameacem a existência da Nação e sejam proclamadas oficialmente, os Estados-partes do presente Pacto podem adotar, na estrita medida exigida pela situação, medidas que suspendam as obrigações decorrentes do presente Pacto, desde que tais medidas não sejam incompatíveis com as demais obrigações que lhes sejam impostas pelo Direito Internacional e não acarretem discriminação alguma por motivo de raça, cor, sexo, língua, religião ou origem social [...].

O Pacto Internacional Sobre Direitos Econômicos, Sociais e Culturais foi acolhido em unanimidade pela Assembleia Geral da Organização das Nações Unidas em 1966. Após a 35ª ratificação, entrou em vigor em janeiro de 1976.

O Pacto dispõe, entre outros direitos, sobre: o direito do trabalho livre; condições seguras e higiênicas do local de trabalho; remuneração justa; proteção às mães em fase pré e pós-natal; direito de greve; assistência à família; proteção contra a fome; saúde física e mental, visando principalmente à redução da mortalidade infantil; profilaxia de doenças epidêmicas, endêmicas e profissionais.

No Brasil, em 1985, a proposta de adesão aos Pactos Internacionais sobre Direitos Civis e Políticos e o Pacto Internacional sobre Direitos Econômicos, Sociais e Culturais foi submetida ao Congresso Nacional, tendo sido aprovada sem reservas em 1991, pelo Decreto Legislativo n. 226. O Brasil optou por não fazer a declaração facultativa exigida para a vigência do art. 41 e tampouco aderiu ao Primeiro Protocolo Facultativo, aceitando apenas a competência do Comitê de Direitos Humanos para monitorar a situação interna pelo exame de seus relatórios governamentais.

Em 1995, o Pacto Internacional sobre Direitos Civis e Políticos contava com 132 adesões, com a tendência de aceitação universal.

Resumindo ainda Lindgren Alves, os países com certo desenvolvimento:

> [...] não podem mais atribuir a terceiros ou à comunidade internacional o motivo da inobservância íntima dos "direitos de segunda geração";
>
> os Estados, de modo geral, não resistem tanto quanto antigamente à ideia de que os seus direitos políticos e civis, antes do seu exclusivo domínio, sejam monitorados internacionalmente, mesmo porque o monitoramento ocorrerá independentemente da vontade dos Estados, devido à globalização das comunicações;
>
> devido à ideologia do neoliberalismo, o conceito de direitos humanos corresponde de maneira simplista aos "direitos de primeira geração;
>
> o culto do mercado do atual capitalismo "globalizado" ignora os direitos econômicos e sociais, considerando-os empecilhos ao bom funcionamento da economia, em detrimento do capitalismo mais organizado e menos excludente do "Estado-providência".[40]

1.3 OS TRATADOS E CONVENÇÕES INTERNACIONAIS DE DIREITOS HUMANOS

Orienta esta escrita sobre os tratados e convenções internacionais de direitos humanos José Augusto Lindgren Alves,[41] quando faz menção à Declaração sobre o Direito ao Desenvolvimento:

---

40 Idem, ibidem, p. 48.
41 Idem, ibidem, p. 205-6.

A base jurídica da vinculação entre o desenvolvimento e os direitos humanos é encontrada no Capítulo IX da Carta das Nações Unidas, sobre a Cooperação Internacional Econômica e Social, e no Capítulo X, que conferiu ao Conselho Econômico e Social atribuição correlativa nos dois assuntos. Essa vinculação ganhou grande expressividade na década de 60, devido ao ingresso na ONU de países de independência recente com suas reivindicações em favor de uma Nova Ordem Econômica Internacional.

A noção de independência e de indivisibilidade dos direitos humanos foi estabelecida em 1968, na primeira Conferência Internacional sobre Direitos Humanos, realizada no Teerã, e transformou-se aos poucos num dos postulados fundamentais do tema dos direitos humanos.

O tratamento do desenvolvimento como direito humano inalienável tem suas origens em 1977, na Resolução n. 4 (XXIII) da Comissão dos Direitos Humanos, que assinala que a persistência do colonialismo, de agressões e ameaças contra a soberania nacional, assim como a recusa em se reconhecer o direito fundamental de todas as nações a exercer plena soberania sobre suas riquezas e recursos minerais, *inter alia*, são obstáculos essenciais à realização plena dos direitos econômicos, sociais e culturais. A Resolução recomenda, ainda, a elaboração de um estudo sobre o tema: as dimensões internacionais do direito ao desenvolvimento como um direito humano, em relação com outros direitos humanos, baseado na cooperação internacional, incluindo o direito à paz, levando em consideração as exigências de uma Nova Ordem Econômica Internacional e as necessidades humanas fundamentais.

O estudo envolveu a análise das normas jurídicas pertinentes, indicando a existência de um conjunto de princípios baseados na Carta das Nações Unidas e na Carta Internacional dos Direitos Humanos, que, reforçado por outros instrumentos, demonstrara a "existência de um direito humano ao desenvolvimento no direito internacional".

A maioria dos textos que ingressam no ordenamento jurídico interno são tratados ou convenções.

Tratado é o acordo formal feito entre sujeitos de direito internacional público, visando a produzir efeitos jurídicos.

Ao tratar da codificação no direito internacional, Celso A. Mello diferencia entre direito interno e externo, demonstrando que aquele é realizado por meio de processo legislativo, enquanto no direito internacional, por meio de convenção, que é obrigatória aos Estados que a assinarem e ratificarem ou aderirem a ela. A declaração, por si mesma, não tem força obrigatória e vinculante, não tendo forma de tratado, atestando o reconhecimento universal de direitos humanos fundamentais.[42]

Sob o título "O direito internacional, os direitos do homem e a ação política",[43] constituído das informações trazidas em escrito de Claude Lefort, pude trazer ao estudo elementos que julgo pertinentes ao tema desta obra.

A intenção dos autores dos grandes textos da ONU é inspirar-se nos princípios enunciados na Declaração francesa e nas oito emendas da Constituição americana, além, é claro, de reconhecer a cada povo a faculdade de regular seus próprios negócios como bem entender.

A ONU tem como função manter a pluralidade dos Estados e fazer crescer o seu número (havia cinquenta em sua fundação, e, em 2000, o quádruplo), esperando-se que novas adesões ocorram, no sentido de seu fortalecimento cada vez maior. Procura também promover a cooperação entre os Estados, proporcionando o reconhecimento da

---

42 Apud ROBERT, Cinthia; MARCIAL, Danielle. *Direitos humanos*: teoria e prática, p. 12.
43 "O direito internacional, os direitos do homem e a ação política". In: *Revista de Sociologia da USP*, v. 12, n. I, maio de 2000, p. 1-10.

existência de zonas que excedem o quadro no qual se defrontam suas prerrogativas e seus interesses.[44]

O direito internacional é regido pelos direitos do homem que cada Estado é obrigado a respeitar. Considerados direitos fundamentais, os direitos do homem não são elaborados em favor de transações ou da institucionalização progressiva de uma prática consensual de transações. A ONU não pode deixar de se referir aos direitos do homem, pois perderia a sua vocação universal. Os direitos do homem possuem significação política, são constitutivos de uma forma de sociedade e implicam a desqualificação de qualquer regime no qual as liberdades políticas, civis e individuais sejam negadas.

Os direitos do homem traçam um esquema de socialização e implicam separação entre o poder e o direito, assim como o poder e os fins da sociedade.

A noção de direitos fundamentais torna possível o desenvolvimento de novos direitos, que neles se apoiam. Essa noção também possibilita compreender que a sociedade na qual eles (direitos fundamentais) são reconhecidos não pode fechar-se sobre si mesma.

Os direitos humanos, tanto no âmbito nacional como no internacional, vinculam-se por meio de tratados não somente aos governos, mas também a todos os Estados, com seus poderes, órgãos e agentes.[45]

Para que um tratado geral possa gerar efeitos no âmbito interno, é necessário que seja ratificado e referenciado pelo Congresso Nacional, quando acarreta encargos ou compromissos gravosos ao patrimônio nacional, conforme preceitua o art. 49, I, da Constituição Federal de

---

44 LEFORT, Claude. "O direito internacional, os direitos do homem e a ação política". In: *Revista de Sociologia da USP (Tempo Social)*, v. 12, n. 1, maio de 2000, p. 5.
45 PINHEIRO, Carla. *Direito internacional e direitos fundamentais*, p. 53.

1988, enquanto tratados de direitos humanos necessitam ser ratificados apenas pelo governo brasileiro para produzirem efeitos — art. 5°, § 2°.[46]

A observância do princípio da responsabilidade internacional do Estado é essencial para a proteção dos direitos humanos, tanto no âmbito interno quanto no internacional.[47] O Brasil consagrou esse princípio, pelo menos no aspecto formal, ao ratificar os dois Pactos de Direitos Humanos das Nações Unidas e a Convenção Americana sobre Direitos Humanos.[48]

As duas Convenções de Viena, das quais o Brasil é signatário, proíbem que a parte invoque disposição de seu direito interno para justificar o descumprimento de tratado, configurando assim o princípio da responsabilidade internacional do Estado.[49]

Quanto à observância dos direitos humanos pelo Poder Judiciário, necessária se faz a regulamentação dos tratados no âmbito interno, bem como as alterações necessárias nas leis nacionais, para que se ajustem às disposições do tratado. Os Estados-partes nos tratados de direitos humanos têm o dever de não violar os direitos protegidos, mas de agir, visando assegurar a todas as pessoas que estejam sob sua jurisdição o exercício livre e pleno de todos os direitos protegidos.[50]

De acordo com a nossa Constituição, os tratados de direitos humanos são de caráter especial e devem ter tratamento diferenciado por parte do aplicador do direito.[51]

Desde meados do século XIX, os direitos humanos passaram a receber proteção do direito internacional; todavia, foi com a Carta das Nações Unidas que se intensificou o processo da proteção desses direitos, por meio do art. 55, que a seguir transcrevo:

---

46 Idem, ibidem, p. 53.
47 Idem, ibidem, p. 53.
48 Idem, ibidem, p. 54.
49 Idem, ibidem, p. 54.
50 Idem, ibidem, p. 54.
51 Idem, ibidem, p. 55.

Art. 55. Com o fim de criar condições de estabilidade e bem-estar, necessárias às relações pacíficas e amistosas entre as Nações, baseadas no respeito ao princípio da igualdade de direitos e da autodeterminação dos povos, as Nações Unidas favorecerão:

a) níveis mais altos de vida, trabalho efetivo e condições de progresso e desenvolvimento econômico e social;

b) a solução dos problemas internacionais econômicos, sociais, sanitários e conexos; a cooperação internacional, de caráter cultural e educacional; e,

c) o respeito universal e efetivo dos direitos humanos e das liberdades fundamentais para todos, sem distinção de raça, sexo, língua ou religião.[52]

Logo em seguida, surgiram a Declaração Universal dos Direitos Humanos de 1948, o Pacto Internacional de Direitos Civis e Políticos e o Pacto Internacional de Direitos Econômicos, Sociais e Culturais, ambos de 1966.[53]

A primeira Declaração de Direitos Humanos criada no continente americano foi a Declaração Americana de Direitos e Deveres do Homem, aprovada na IX Conferência de Bogotá, em abril de 1948, a qual não foi adotada como conferência. A ela segue-se a Convenção Americana sobre Direitos Humanos (Pacto de San José da Costa Rica – assinado em novembro de 1969, vigorando a partir de 1978).[54]

Os direitos civis e políticos protegidos por essa última Convenção são: direito ao reconhecimento da personalidade jurídica; direito à vida; direito à integridade pessoal; proibição da escravidão e da servidão; direito à liberdade pessoal; garantias judiciais; princípios da lega-

---

52 Idem, ibidem, p. 56.
53 Idem, ibidem, p. 56.
54 Idem, ibidem, p. 56.

lidade e da não retroatividade; direito à indenização; proteção da honra e da dignidade; liberdade de consciência e de religião; liberdade de pensamento e de expressão; direito de retificação ou resposta; direito de reunião e liberdade de associação; proteção da família; direito ao nome; direitos da criança; direito à nacionalidade; direito à propriedade privada; direito de circulação e de resistência; direitos e oportunidades na vida pública; igualdade perante a lei e proteção judicial.[55]

Os direitos econômicos, sociais e culturais figuram na Carta da Organização dos Estados Americanos e no Protocolo aprovado sobre a matéria na Assembleia de El Salvador, de 1988.[56]

No mundo ocidental, na atualidade, duas são as convenções mais significativas sobre direitos humanos: a Convenção Europeia de Salvaguarda dos Direitos do Homem e das Liberdades Fundamentais − que entrou em vigor em 1951 − e a Convenção Americana sobre os Direitos do Homem − de 1978.[57]

São direitos regulados pela Convenção americana e não regulamentados pela europeia:

- a proteção à dignidade humana;
- o direito ao nome;
- o direito à nacionalidade. Esse direito se subdivide em três outros: o de não ser privado da nacionalidade, o de mudar de nacionalidade e o de adquirir a nacionalidade do Estado em cujo território nasceu. A não regulamentação desse direito pela Convenção Europeia deve-se ao fato de a Europa adotar o sistema do *jus sanguinis* como fator determinante da nacionalidade;
- o direito de igualdade em face da lei;

---

55 Idem, ibidem, p. 57.
56 Idem, ibidem, p. 57.
57 Idem, ibidem, p. 57.

- o direito ao reconhecimento da personalidade jurídica;
- direitos econômicos, sociais e culturais. [58]

São direitos comuns, regulamentados pelas duas convenções:

- a proteção à vida e à integridade pessoal, compreendendo o direito à vida, à integridade da pessoa e a interdição da escravidão, da servidão e do trabalho forçado;
- a proteção da liberdade e da segurança individuais, abrangendo as garantias da pessoa privada da liberdade, como o direito de ser informado das razões da prisão, o direito de ser apresentado ao juiz, o direito de recorrer, o direito de obter reparação no caso de detenção arbitrária, o direito de reparação em caso de condenação ou erro judiciário e direitos relativos ao regime penitenciário;
- o direito a uma boa administração da Justiça, como o direito a um recurso efetivo, a um processo equitativo etc.;
- proteção à intimidade;
- proteção à atividade intelectual;
- liberdade de manifestação de expressão, liberdade de manifestação religiosa e liberdade de manifestação do pensamento;
- direitos políticos;
- proteção à propriedade privada;
- proteção da liberdade de locomoção e residência. [59]

Guilherme Assis de Almeida questiona a "Proteção internacional dos direitos humanos como reação à ruptura".[60]

---

58 Idem, ibidem, p. 58.
59 Idem, ibidem, p. 59.
60 *Direito internacional dos direitos humanos*: instrumentos básicos, p. 13 e seguintes.

A criação da ONU e de todo o *corpus juris* do direito internacional dos direitos humanos ocorre no cenário pós-Segunda Guerra Mundial.

O primeiro documento do direito internacional dos direitos humanos é a Carta de São Francisco, de 1945, documento que fundou a Organização das Nações Unidas (ONU). Logo no preâmbulo da Carta, nota-se a necessidade de uma reafirmação dos direitos humanos ignorados nos campos de concentração:

> Nós, os Povos das Nações Unidas, resolvidos a preservar as gerações vindouras do flagelo da guerra, que por duas vezes, no espaço da nossa vida, trouxe sofrimentos indizíveis à humanidade, e a reafirmar a fé nos direitos fundamentais do homem, na dignidade e no valor do ser humano, na igualdade de direitos dos homens e das mulheres, assim como das nações grandes e pequenas.

A Carta de São Francisco considera a guerra um instrumento não jurídico para impor o Direito, para promover a solução de conflitos.

A inclusão da guerra no rol dos instrumentos ilegais para a solução de conflitos constitui um sinal de que está sendo inaugurada uma nova fase na História do Direito, a qual tem como fundamentos básicos a ideia de paz, o reconhecimento da dignidade de todo ser humano e o princípio da não violência.

Essa nova fase passa a ter concretização, no âmbito do direito positivo, com a elaboração do direito internacional dos direitos humanos.

O grau de respeito aos direitos humanos transformou-se num dos principais elementos para se aferir a inserção de determinado país na Comunidade Internacional. Com isso, os direitos humanos ganharam o *status* de tema global, o que significa a efetiva proteção dos direitos humanos da população.

A seguir, estão dispostas cronologicamente as principais Convenções:

- Convenção contra o Genocídio – 9 de dezembro de 1948;
- Convenção Relativa ao Estatuto dos Refugiados – 28 de julho de 1951;
- Convenção Internacional sobre a Eliminação de todas as Formas de Discriminação Racial – 21 de dezembro de 1965;
- Pacto Internacional de Direitos Civis e Políticos – 16 de dezembro de 1966;
- Pacto Internacional de Direitos Econômicos, Sociais e Culturais – 16 de dezembro de 1966;
- Convenção sobre a Imprescritibilidade dos Crimes de Guerra e dos Crimes de Lesa-Humanidade – 26 de novembro de 1968;
- Convenção Internacional sobre a Repressão e o Castigo ao Crime do *Apartheid* – 30 de novembro de 1973;
- Convenção sobre a Eliminação de todas as Formas de Discriminação contra Mulher – 18 de dezembro de 1979;
- Convenção contra a Tortura e outros Tratamentos ou Penas Cruéis, Desumanos ou Degradantes – 10 de dezembro de 1984;
- Convenção sobre os Direitos da Criança – 20 de dezembro de 1989;
- Convenção Internacional sobre a Proteção dos Direitos de todos os Trabalhadores Migrantes e de seus Familiares – 18 de dezembro de 1990;
- Convenção sobre a Diversidade Biológica – 5 de junho de 1992. [61]

Conforme o magistério de Guilherme Assis de Almeida, a história do direito internacional dos direitos humanos divide-se em duas grandes fases: a "legislativa" e a "implementação". Durante a fase legislativa, que tem como data inicial o ano de 1945, são elaborados os principais tratados e instrumentos jurídicos do direito internacional dos

---

61 ALMEIDA, Guilherme Assis de. *Direitos humanos e não violência*, p. 63.

direitos humanos. A fase de implementação inicia-se em 1966, com o término da elaboração do Pacto Internacional de Direitos Civis e Políticos e do Pacto Internacional de Direitos Econômicos, Sociais e Culturais, e tem como característica principal a implementação daquelas normas já existentes, em vez da criação de novas normas de direitos humanos. Esse objetivo é realizado por meio dos órgãos de supervisão, que utilizam os seguintes mecanismos de implementação do direito internacional dos direitos humanos: sistema de petições, relatórios e investigações.[62]

Da forma como exposta, historicamente corroborada, não há como negar a existência das fases legislativa e de implementação, a primeira referindo-se à consagração dos tratados e a segunda pertinente à efetiva aplicação do legislado.

O principal órgão supervisor da ONU é a Comissão de Direitos Humanos. Durante o período entre 1946 e 1967, conhecido como *fase abstencionista,* essa comissão ficou impedida de tomar medidas práticas com relação às inúmeras queixas recebidas. A partir de 1970 permite-se à Comissão de Direitos Humanos, em caso de consistente violação de direitos humanos, proceder estudos ou investigações. A essa fase dá-se o nome de "intervencionista".

Vigora no direito internacional dos direitos humanos a regra do esgotamento dos recursos internos, ou seja, qualquer denúncia sobre violação de direitos humanos só será apreciada pelas instâncias internacionais depois de esgotadas todas as medidas judiciais cabíveis no plano interno, ou então se houver fortes indícios de que tais medidas não serão eficazes.

---

62 Idem, ibidem, p. 63.

Cada fase do direito internacional dos direitos humanos corresponde a uma conferência internacional que teve como objetivo a avaliação da situação dos direitos humanos. E até o momento apenas duas conferências foram realizadas: Teerã (1969) e Viena (1993). A primeira caracterizou-se como um marco da fase legislativa.

A Conferência de Teerã não tratou do tema da supervisão internacional, mas da correção, no plano teórico, da divisão dos direitos humanos, bem como deu consistência e substância à fase de implementação.

A proclamação de Teerã reforçou a universalidade, a igualdade, a inalienabilidade e a indivisibilidade de todos os direitos humanos, bem como obrigou as diversas nações a aceitar as normas de direitos humanos até então produzidas.

É na fase de implementação do direito internacional dos direitos humanos e da constituição do mundo das polaridades indefinidas (globalização e fragmentação – em contrapartida ao mundo das polaridades definidas – período da Guerra Fria) que se realiza a Conferência de Viena (1993).

Foi na referida Conferência que se produziu uma declaração e um programa de ação. A elaboração desse programa de ação mostra a principal diferença entre as fases (a legislativa e a de implementação). Na fase legislativa, foi elaborado o *corpus juris* básico do direito internacional dos direitos humanos. Depois disso, a principal meta passa a ser a concretização dos diversos direitos elencados nos instrumentos jurídicos do direito internacional dos direitos humanos.

Outras conquistas teóricas da Declaração de Viena são:

- reconhecimento da legitimidade da preocupação internacional com a promoção e a proteção dos direitos humanos;

- reconhecimento do direito ao desenvolvimento como universal, inalienável e como parte integrante dos direitos humanos fundamentais;
- interdependência entre democracia, desenvolvimento e respeito aos direitos humanos;
- reconhecimento, pela primeira vez em um documento da ONU, da democracia como a forma de governo mais favorável para o respeito dos direitos humanos.[63]

Uma das mais importantes recomendações do Programa de Ação de Viena já foi concretizada: a instalação do Alto Comissariado das Nações Unidas para os Direitos Humanos.

Vale a pena evidenciar a "Fase da Responsabilização Individual". Essa fase, que se iniciou em 25 de maio de 1993, constitui uma fase posterior à fase legislativa e à fase de implementação. Conta com a aprovação do estatuto do Tribunal Internacional para Julgamento dos Supostos Responsáveis de Violações Graves do Direito Internacional Humanitário cometidas no Território da Iugoslávia desde 1991.

No que concerne ao "Sistema Interamericano de Proteção dos Direitos Humanos", o documento fundador da Organização dos Estados Americanos (OEA), a Carta de Bogotá, é considerado o documento que lhe dá origem.

Compõem o Sistema Interamericano:

- a Declaração Americana de Direitos e Deveres do Homem (1948);
- a Convenção Americana de Direitos Humanos (Pacto de San José – 1969);
- a Convenção Interamericana para Previnir e Punir a Tortura (1985);

---

63 Idem, ibidem, p. 69-70.

- o Protocolo de San Salvador sobre Direitos Econômicos, Sociais e Culturais (adicional ao Pacto de San José) (1988);
- o Protocolo sobre a Abolição da Pena de Morte (adicional ao Pacto de San José) (1990);
- a Convenção Interamericana sobre o Desaparecimento Forçado de Pessoas (1994);
- a Convenção Interamericana para Previnir, Punir e Erradicar a Violência contra a Mulher (Convenção de Belém do Pará – 1994). [64]

A Comissão Interamericana de Direitos Humanos foi criada em 1959, durante a V Reunião de Consulta dos Ministros das Relações Exteriores da Organização dos Estados Americanos. A partir de 1965, passa a ser considerada órgão de monitoramento das situações de direitos humanos, podendo receber petições e dirigir-se aos Estados-partes em busca de informações e esclarecimentos. Em 1967, torna-se o órgão principal da Organização dos Estados Americanos.

Com a entrada em vigor da Convenção Americana de Direitos Humanos, em 1978, a Comissão Interamericana de Direitos Humanos passou a supervisionar o cumprimento da Convenção, sem prejuízo das suas atividades anteriores. Sua competência alcança todos os países signatários da Convenção Americana de Direitos Humanos, bem como todos os países que participam da Organização dos Estados Americanos. Seus mecanismos de monitoramento são exercidos por meio de petições individuais, relatórios e investigações, a elaboração de informes sobre a situação de direitos humanos nos diversos países e a realização de observações *in loco*.

Para que o caso seja aceito pela Comissão, é necessário o preenchimento dos seguintes requisitos: o prévio esgotamento dos recursos

---

64 Idem, ibidem, p. 63.

internos (conforme o art. 46 da Convenção Americana de Direitos Humanos) e a não existência de litispendência.

Art. 46

1. Para que uma petição ou comunicação apresentada de acordo com os arts. 44 e 45 seja admitida pela Comissão, será necessário:

a) que hajam sido interpostos e esgotados os recursos da jurisdição interna, de acordo com os princípios de Direito Internacional geralmente reconhecidos;

b) que seja apresentada dentro do prazo de seis meses, a partir da data em que o presumido prejudicado em seus direitos tenha sido notificado da decisão definitiva.

2. As disposições das alíneas *a* e *b* do inciso 1 deste artigo não se aplicarão quando:

a) não existir, na legislação interna do Estado de que se tratar, o devido processo legal para a proteção do direito ou direitos que se alegue tenham sido violados;

b) não se houver permitido ao presumido prejudicado em seus direitos o acesso aos recursos da jurisdição interna, ou houver sido ele impedido de esgotá-los; e

c) houver demora injustificada na decisão sobre mencionados recursos.

Depois de aceito o caso, a comissão ouve as diversas partes e tenta uma solução amigável. Não obtendo sucesso, um relatório da comissão sobre os direitos violados é encaminhado ao Estado-parte violador, que tem três meses para dar uma resposta e tentar uma composição com a parte contrária. Se for satisfatória a resposta e estiverem compostas as partes, o caso é encerrado. Caso contrário, será levado à Corte Interamericana de Direitos Humanos, porém, antes disso, a comissão deve elaborar conclusões e recomendações que serão publicadas no relatório anual da Organização dos Estados Americanos sobre as violações de direitos humanos específicas do caso.[65]

Outro órgão previsto pela Convenção Americana de Direitos Humanos é a Corte Interamericana de Direitos Humanos, com sede em San José (Costa Rica), composta por sete juízes nacionais de Estados-membros da Organização dos Estados Americanos; sua jurisdição é voluntária e depende da aceitação do Estado-parte. O Estado-parte, ao aderir à Convenção Americana de Direitos Humanos, automaticamente aceita a competência da Comissão Americana de Direitos Humanos.[66]

A Corte possui funções contenciosas e consultivas. Os casos contenciosos só podem ser apresentados pela Comissão Americana de Direitos Humanos ou pelos Estados-partes. Já no plano consultivo, somente os Estados-partes podem pedir opiniões.[67]

A Corte Interamericana de Direitos Humanos, em suas sentenças condenatórias, poderá exigir a adoção de medidas para a restauração do direito violado ou condenar o Estado violador a pagar uma justa indenização; a sentença valerá como título executivo. Quando for necessária a prevenção de danos irreparáveis às pessoas, a Corte poderá adotar medidas provisórias.[68]

Quanto à *especificidade normativa do direito internacional dos direitos humanos,* este constitui um dos ramos do direito internacional público, sendo que inova ao trazer como sujeito de direito a pessoa humana.[69]

A Declaração Universal dos Direitos Humanos de 1948 garante que a pessoa, independentemente de sua raça, religião, nacionalidade, etnia,

---

65 Idem, ibidem, p. 75.
66 Idem, ibidem, p. 75.
67 Idem, ibidem, p. 75.
68 Idem, ibidem, p. 75.
69 Idem, ibidem, p. 76.

língua, grupo social ou opinião política, seja tratada como sujeito de direito na ordem internacional. Até então, somente os Estados poderiam ser sujeitos de direito na ordem internacional.[70] A Declaração não tem o poder vinculante, mas pode ser considerada um instrumento do direito natural, conforme a concepção de Miguel Reale (problemático e conjetural, que serve como baliza para a ordem jurídica, delimitando seu campo de atuação).[71] Essa Declaração é um instrumento universal e pertence aos cidadãos do mundo.

Os Estados que fazem parte do Pacto Internacional sobre Direitos Econômicos, Sociais e Culturais e do Pacto Internacional sobre os Direitos Civis e Políticos o fizeram tendo em vista o reconhecimento da dignidade inerente a toda pessoa humana. Em conformidade com a Declaração Universal dos Direitos Humanos, o ideal do ser humano livre, sem temor, não pode ser realizado sem haver condições que permitam a cada um gozar de seus direitos econômicos, sociais e culturais, assim como seus direitos civis e políticos. O indivíduo tem deveres para com seus semelhantes e para com a coletividade a que pertence e tem a obrigação de contribuir para a observância dos direitos reconhecidos nesse pacto.

Importante falarmos da Convenção Americana sobre Direitos Humanos. Os Estados americanos estabeleceram os termos dessa convenção reafirmando o propósito de consolidação de um regime de liberdade pessoal e de justiça social, de acordo com o respeito aos direitos essenciais do homem. Tais direitos não derivam da nacionalidade, mas sim dos atributos pessoais, justificando então uma proteção internacional, atuando conjuntamente com o direito interno americano.

Houve a reiteração da necessidade de condições permissivas às pessoas para gozarem dos seus direitos econômicos, sociais e culturais,

---

70 Idem, ibidem, p. 76.
71 Idem, ibidem, p. 79.

além de civis e políticos, para que seja realizado o ideal do ser humano livre, sem miséria e temor.

1.4 A DECLARAÇÃO E PROGRAMA DE AÇÃO DE VIENA

Esta obra, afinal, deverá a sua base ideológica, no concernente aos efeitos da globalização sobre os direitos humanos, exatamente aos postulados de obrigações internacionais assentados na Declaração e Programa de Ação de Viena.

A Declaração insta o mundo à atenção ao desenvolvimento e à cooperação entre as nações. Isso envolve, fundamentalmente, que os países pobres devam merecer incentivos que redundem em: acabar com a pobreza, desenvolver os programas de educação, melhorar as condições de vida, construir moradias etc.

Reproduzo com todo o rigor o escrito por Guilherme Assis de Almeida:[72]

> A não violência como princípio de orientação e diretivo fornece parâmetros para criação das normas do DIDH. Essas normas têm um caráter finalístico bem definido: devem prevenir, punir e erradicar (prevenir e/ou reparar) a ação causadora de dano, qual seja, a violência.

O Direito Internacional dos Direitos Humanos (DIDH) é um direito essencialmente protetivo, possuindo como escopo principal a preservação de um valor: a dignidade da pessoa humana.

A perspectiva de proteção da dignidade humana cria um encontro entre a ética de princípios do DIDH e a ética de resultados dos dirigentes.

---

72 ALMEIDA, Guilherme Assis de. Op. cit., p. 94-6.

A relação de complementaridade e convergência entre democracia e direitos humanos tem como valor comum a dignidade humana. A democracia é o regime político que mais respeita esse valor e o direito dos direitos humanos: tanto no plano interno como no plano internacional, protege esse valor. Lembremos que, a partir de 1945, quase a totalidade das constituições democráticas faz referência aos direitos humanos em seus princípios fundamentais.

A Conferência Mundial sobre Direitos Humanos (Viena – 1993) enfatiza a relação existente entre democracia, direitos humanos e desenvolvimento:

Declaração de Viena

> Art. 8° A democracia, o desenvolvimento e o respeito aos direitos humanos e liberdades fundamentais são conceitos interdependentes que se reforçam mutuamente. A democracia se baseia na vontade livremente expressa pelo povo de determinar seus próprios sistemas políticos, econômicos, sociais e culturais e em sua plena participação em todos os aspectos de suas vidas. Nesse contexto, a promoção e proteção dos direitos humanos e liberdades fundamentais, em níveis nacional e internacional, devem ser universais e incondicionais. A comunidade internacional deve apoiar o fortalecimento e a promoção de democracia e o desenvolvimento e respeito aos direitos humanos e liberdades fundamentais no mundo inteiro.

O desenvolvimento é um dos direitos humanos ditos de terceira geração, assim definido pela Declaração sobre o Direito ao Desenvolvimento (1986):

Art. 1º

1. O direito ao desenvolvimento é um direito humano inalienável, em virtude do qual toda pessoa e todos os povos estão habilitados a participar do desenvolvimento econômico, social, cultural e político, a ele contribuir e dele desfrutar, no qual todos os direitos humanos e liberdades fundamentais possam ser plenamente realizados.

Art. 2º

1. A pessoa humana é o sujeito central do desenvolvimento e deveria ser participante ativo e beneficiário do direito ao desenvolvimento.

A finalidade do desenvolvimento é beneficiar a pessoa humana. Podemos falar em desenvolvimento democrático ou em democracia desenvolvimentista. O prêmio Nobel de Economia Amartya Sen afirma que as democracias funcionais (aquelas que asseguram o desenvolvimento) conseguem eliminar o problema da fome. Sen cita como exemplos de democracias funcionais os Estados Unidos e a Índia.

A relação de simbiose existente entre democracia, direitos humanos e desenvolvimento indica o caminho a ser seguido tanto pelos países vistos de forma isolada como no relacionamento entre as diversas nações, para a conquista de uma ordem internacional justa e solidária propiciadora do advento do direito cosmopolita.

A política dos dirigentes na era pós-DIDH tem de, forçosamente, levar em conta o respeito à dignidade da pessoa humana. Resultados conseguidos à custa do desrespeito a esse valor desqualificam esses dirigentes na ordem internacional.

É o que conclui Vaclav Havel em comentário sobre o cinquentenário da Declaração:

> Pela primeira vez na história, existe um instrumento válido e globalmente respeitado através do qual podemos olhar a miséria deste

mundo: um padrão universal com o qual nós podemos constantemente comparar o atual estado de coisas, e apontar os responsáveis em nome de quem agir para combater as injustiças se necessário. Desde que todos assinaram este padrão, poucos aventurar-se-ão a criticá-lo como tal. Isto significa que todos aqueles que cometem violações substanciais de seus princípios têm que encarar sua novidade histórica. Ou simplesmente: a vida de todos aqueles que desrespeitam os direitos humanos é muito mais difícil agora com a Declaração do que era antes.[73]

Se a democracia, no plano interno, pode ser garantida pela eleição de um governo democrático, no plano internacional, pela ausência de um terceiro, não existe essa possibilidade.

Bobbio esclarece que a ausência de um organismo que cumpra o papel de um terceiro imparcial nas relações internacionais, encaminhando a resolução dos conflitos, dificulta o surgimento da democracia no plano internacional. A ausência da democracia internacional abre espaço para o uso da violência na resolução dos conflitos entre as nações.

Dessa forma, a presença de um terceiro que consiga equacionar os conflitos e garantir a democracia é condição fundamental para o estabelecimento de uma paz perpétua.

Até o presente momento, a instituição que mais se aproximou da ideia desse *tertius* é a Organização das Nações Unidas.

Já informei nesta obra entender que a Declaração e Programa de Ação de Viena leva ao mundo a necessidade da união de forças entre

---

73 HAVEL, Vaclar, ex-presidente da República Checa, ao subscrever "on-line" em 09/12/08, a "Carta 08", cujo co-autor foi LIU XIAOBO, ativista chinês, agraciado com o prêmio NOBEL DA PAZ em 2010. Para escrevê-la, XIAOBO inspirou-se na "Carta 77", manifesto que chamava pelos Direitos Humanos da Checoslováquia.

as nações (ricas e pobres) no sentido da organização comum de um planejamento que aquinhoe – ainda que de forma proporcional – a todos os povos.

A informação bem coordenada, trazida por Guilherme Assis de Almeida, deixa a demonstração do que afirmo no começo deste item. Democracia e direitos humanos convergem como oração cristã a ser cultuada por todos, diariamente.

Entendo que o objetivo desta obra, ao mostrar a globalização como um sistema inibidor do progresso de qualquer país onde se instala, tem tudo a ver com a impossibilidade do desenvolvimento desse país e, consequentemente, com o exercício da democracia desejável, permissiva do sucesso dos projetos sociais.

Como se extrai do art. 8° da Declaração de Viena, a comunidade internacional deve apoiar o fortalecimento e a promoção de democracia e o desenvolvimento e respeito aos direitos humanos e às liberdades fundamentais no mundo inteiro.

No ano de 1993, a Declaração foi motivo de alegria em todo o mundo. No entanto, vemos com tristeza que em muitos países a alegria pouco durou. Continuam os governantes a, ostensivamente, desrespeitar os seus postulados, priorizando os programas beneficiadores dos países emprestadores de dinheiro.

Direito ao desenvolvimento tem como personagem central a pessoa humana, que deve ser participante ativo e beneficiário desse direito, a rigor do predeterminado pela Declaração sobre Direito ao Desenvolvimento, de 1986. Claro o caminho da necessidade de os povos marcharem unidos para a conquista de uma ordem internacional justa e solidária.

A Conferência Mundial de Direitos Humanos, realizada em Viena em 1993, proclamou o princípio da complementaridade solidária dos direitos humanos de qualquer espécie. A justificativa desse princípio encontra-se na essência do ser humano, que é uma só, não obstante a multiplicidade de diferenças individuais e sociais, biológicas e culturais existentes na humanidade.

Os Estados-partes na Convenção ajustaram os termos presentes nesta considerando o papel fundamental dos tratados na história das relações internacionais, com importância cada vez maior, também para desenvolver cooperação pacífica entre as nações.

Foi observado que os princípios do livre consentimento e da boa-fé são reconhecidos universalmente, percebendo que quaisquer controvérsias internacionais devem ser solucionadas pacificamente, sempre observando os princípios da justiça e do direito internacional.

Os Estados estavam conscientes dos princípios de direito internacional incorporados na Carta das Nações Unidas, assim como o da igualdade de direitos e autodeterminação dos povos e do respeito universal e efetivo dos direitos do homem e das liberdades fundamentais para todos.

Fizeram a Convenção certos de que a codificação e o desenvolvimento progressivo do direito dos tratados estão em conformidade com os propósitos das Nações Unidas de manter a paz e a segurança internacionais, criar relações amistosas e realizar a cooperação entre as nações.

A respeito, José Augusto Lindgren Alves[74] essencializa o que observar principalmente na Declaração e Programa de Ação de Viena, que resumo a seguir.

A. A Conferência Mundial sobre Direitos Humanos

A promoção e a proteção dos direitos humanos são prioridades para a comunidade internacional. A Conferência dá oportunidade para uma

---

74 ALVES, José Augusto Lindgren. *Os direitos humanos como tema global*, p. 149-79.

análise abrangente do sistema internacional dos direitos humanos e seus mecanismos de proteção. Todos os direitos humanos derivam da dignidade e do valor inerentes à pessoa humana, que é sujeito de tais direitos e liberdades fundamentais, e por esse motivo deve ser a principal beneficiária desses direitos e dessas liberdades.[75]

A Conferência reafirma o compromisso com os propósitos e princípios enunciados na Carta das Nações Unidas (art. 56) e na Declaração Universal dos Direitos Humanos, de tomar medidas conjuntas ou separadas, enfatizando o desenvolvimento de uma cooperação internacional eficaz.

Conforme a Carta das Nações Unidas, todos os Estados têm responsabilidade de desenvolver e estimular o respeito aos direitos humanos e liberdades fundamentais de todos, sem distinção de raça, sexo, idioma ou religião. Há a determinação de reafirmar a fé nos direitos humanos fundamentais, na dignidade e no valor da pessoa humana e nos direitos iguais de homens e mulheres e de nações. Há também de se preservar gerações vindouras da guerra, estabelecer condições para serem mantidos e promover o progresso social e melhores padrões de vida.

A Declaração Universal dos Direitos Humanos é a fonte de inspiração e tem sido a base utilizada pelas Nações Unidas no progresso para o estabelecimento das normas contidas nos instrumentos internacionais de direitos humanos existentes. A Conferência estava preocupada com as diversas formas de discriminação e violência às mulheres. Reconhecia que a comunidade internacional deveria ter meios para eliminar os obstáculos existentes e superar desafios para a realização de todos os direitos humanos e evitar a continuação de violações de direitos humanos em todo o mundo. Estava determinada a tomar me-

---

75 Idem, ibidem, p. 153-64.

didas com relação ao compromisso da comunidade internacional de promover avanços na área dos direitos humanos mediante esforços renovados e continuados de cooperação e solidariedade internacionais. Com tudo isso, a Conferência adota a Declaração e o Programa de Ação de Viena.

A Conferência Mundial sobre Direitos Humanos reafirma compromisso solene dos Estados de promover o respeito universal, a observância e proteção de todos os direitos humanos e liberdades fundamentais de todos. O fortalecimento da cooperação internacional na área dos direitos humanos é essencial para a plena realização dos propósitos das Nações Unidas. Os direitos humanos e as liberdades fundamentais são direitos originais de todos os seres humanos; suas proteção e promoção são prioridades dos governos. Todos os povos têm direito à autodeterminação. Então, determinam sua condição política e procuram seu desenvolvimento econômico, social e cultural. Considera-se que a negação do direito à autodeterminação constitui uma violação dos direitos humanos.

Devem ser adotadas medidas internacionais eficazes para garantir a aplicação das normas de direitos humanos às pessoas submetidas à ocupação estrangeira, e deve ser fornecida proteção legal efetiva contra a violação dos direitos humanos. Os órgãos e as agências especializadas relacionadas com os direitos humanos devem reforçar a coordenação de suas atividades com base na aplicação dos instrumentos internacionais de direitos humanos.

Todos os direitos humanos são universais, indivisíveis, interdependentes e inter-relacionados. A comunidade internacional deve tratá-los de forma justa e equitativa. As particularidades nacionais e regionais devem ser levadas em conta, mas é dever dos Estados promover e proteger todos os direitos humanos e todas as liberdades fundamentais.

Os esforços do sistema das Nações Unidas para garantir o respeito universal dos direitos humanos e das liberdades fundamentais de todos contribuem para o bem-estar entre as nações e para melhorar as condições de paz, segurança e o desenvolvimento social e econômico. O processo de promoção e proteção dos direitos humanos deve ser desenvolvido conforme os princípios da Carta das Nações Unidas e o direito internacional.

A democracia e o respeito pelos direitos humanos, pelo desenvolvimento e pelas liberdades fundamentais são interdependentes. A democracia é a base da livre vontade do povo em determinar seus próprios sistemas políticos, econômicos, sociais e culturais. A proteção aos direitos humanos e liberdades fundamentais deve ser universal e incondicional.

A Conferência reafirma que os países menos desenvolvidos comprometidos com a democratização e as reformas econômicas devem ter o apoio internacional. O direito ao desenvolvimento é universal e inalienável. Mas a falta de desenvolvimento não poderá ser justificativa para a limitação dos direitos humanos internacionalmente reconhecidos.

A comunidade internacional deve promover a cooperação internacional eficaz visando à realização do direito ao desenvolvimento e à eliminação de obstáculos ao desenvolvimento.

Um processo duradouro exige políticas eficazes de desenvolvimento no âmbito nacional, relações equitativas e ambiente econômico favorável na esfera internacional. O direito ao desenvolvimento deve satisfazer as necessidades ambientais e de desenvolvimento de gerações presentes e futuras. A Conferência apela a todos os Estados para adotarem as convenções existentes sobre o descarregamento de produtos e resíduos tóxicos e perigosos e para que cooperem na prevenção do descarregamento ilícito. Todos têm direito de desfrutar dos benefícios do progresso científico e de suas aplicações. Também observa que determinados avanços podem ter consequências adversas para a integridade, a dignidade e os direitos humanos do indivíduo.

Os Estados e as organizações internacionais devem criar condições favoráveis (nacional, regional e internacionalmente) para garantir o pleno e efetivo exercício dos direitos humanos. Os Estados devem eliminar todas as violações de direitos humanos e suas causas, bem como os obstáculos à realização desses direitos. Situações de extrema pobreza inibem o exercício dos direitos humanos. O respeito aos direitos humanos e às liberdades fundamentais, sem distinção de qualquer espécie, é uma norma fundamental do direito internacional dos direitos humanos.

A Conferência deplora os atos de violência que objetivam frustrar o desmantelamento pacífico do *apartheid*. As práticas terroristas (todas as manifestações), os vínculos entre estas e o tráfico de drogas são atividades que visam à destruição dos direitos humanos, das liberdades fundamentais e da democracia, ameaçando a integridade territorial e a segurança dos países, desestabilizando governos. A comunidade internacional deve tomar medidas necessárias para fortalecer a cooperação na prevenção e no combate ao terrorismo.

Os direitos humanos das mulheres e das meninas são inalienáveis e constituem parte integral e indivisível dos direitos humanos universais. A plena participação das mulheres em igualdade são objetivos prioritários da comunidade internacional. A discriminação é incompatível com a dignidade e o valor da pessoa humana e deve ser eliminada, por medidas legislativas, ações nacionais e cooperação internacional nas áreas do desenvolvimento econômico e social.

Os Estados têm obrigação de garantir às pessoas pertencentes a minorias o pleno e efetivo exercício de todos os direitos humanos e as liberdades fundamentais, observando assim o disposto na Declaração das Nações Unidas. A minoria tem direito à sua própria cultura, religião e idioma, devendo ser também reconhecidas a dignidade e a contribuição dos povos indígenas ao desenvolvimento e à pluralidade da sociedade, e ainda, ser garantida a participação desses povos em todos os aspectos da sociedade.

Os programas nacionais e internacionais de defesa e proteção da infância devem ser fortalecidos em prol de uma maior defesa e proteção das meninas, das crianças abandonadas e sexualmente exploradas, das vítimas da fome, da seca e outras emergências. Também deve-se atender deficientes quanto à não discriminação para os direitos humanos e liberdades fundamentais. Todos têm direito a asilo político em outros países, em caso de perseguição, bem como a retornar a seu próprio país. Ressalte-se a importância da Declaração Universal dos Direitos Humanos, da Convenção de 1951 sobre a Condição dos Refugiados.

As violações dos direitos humanos são fatores que levam ao deslocamento de pessoas. Em razão da crise mundial dos refugiados, foi reconhecido que a comunidade internacional deve adotar um planejamento abrangente em seus esforços para condenar atividades e promover maior cooperação com países e organizações pertinentes nessa área. Esse planejamento deve incluir o desenvolvimento de estratégias abordando causas e efeitos dos movimentos de refugiados e outros deslocados, a concessão de proteção e assistência eficazes.

A pobreza extrema e a exclusão social constituem violação da dignidade humana. Assim, mister se faz que sejam tomadas medidas urgentes para conhecimento do problema e suas causas. Cada Estado deve ter uma estrutura eficaz de recursos jurídicos para reparar infrações ou violações de direitos humanos. As instituições de administração da Justiça devem ser financiadas, e a comunidade internacional deve oferecer um nível mais elevado de assistência técnica e financeira a elas. Cabe às Nações Unidas estabelecer como prioridade programas especiais de serviços de consultoria com vistas a uma administração de Justiça forte e independente.

A Conferência expressa sua consternação diante da transgressão dos direitos humanos, particularmente nas formas de genocídio, "limpeza étnica" e violação de mulheres em tempos de guerra. Apela para que os autores desses crimes sejam punidos e tais práticas, imediatamente interrompidas. Existe a preocupação com as violações de direitos humanos e com a falta de recursos jurídicos suficientes e eficazes para as vítimas. Há ainda a preocupação com as violações de direitos humanos durante conflitos armados, que afetam a população civil – principalmente mulheres, crianças, idosos e portadores de deficiências. Apela aos Estados que observem o direito humanitário internacional, estabelecido na Convenção de Genebra de 1949. As vítimas têm o direito à assistência oferecida por organizações humanitárias.

A Conferência apela aos Estados para que não tomem medidas unilaterais contrárias ao direito internacional e à Carta das Nações Unidas, que criem obstáculos às relações comerciais entre os Estados e impeçam a plena realização dos direitos humanos. Reafirma a importância de se garantir universalidade, objetividade e não seletividade na consideração de questões de direitos humanos.

Ressalta ainda a Conferência o dever dos Estados de orientar a educação no sentido de que ela reforce o respeito aos direitos humanos e às liberdades fundamentais. Aponta a importância de se incorporar a questão dos direitos humanos aos programas educacionais e solicita aos Estados que assim procedam. A educação sobre direitos humanos tem um papel importante nessa questão em relação a todos os indivíduos; contudo, a falta de recursos e restrições institucionais podem impedir a realização imediata desses objetivos.

Cada governo deve fortalecer e tornar mais eficientes os programas de consultoria e cooperação técnica do Centro para os Direitos Humanos, estimulando o estabelecimento de instituições nacionais, tendo em vista os "princípios relativos à condição das instituições nacionais".

Os acordos regionais têm um papel fundamental na promoção e na proteção dos direitos humanos; devem reforçar as normas universais de direitos humanos previstas nos instrumentos internacionais e protegê-las.

Reconhece a Conferência o papel das organizações não governamentais na promoção dos direitos humanos e em atividades humanitárias nos âmbitos nacional, regional e internacional, visto que os referidos órgãos dispõem de informações objetivas, responsáveis e imparciais sobre questões humanitárias e de direitos humanos.

B. A coordenação do sistema das Nações Unidas na área dos direitos humanos

A Conferência recomenda uma maior coordenação em apoio dos direitos humanos e das liberdades fundamentais no âmbito do sistema das Nações Unidas. Insta a todos os órgãos cujas atividades envolvam direitos humanos a cooperarem uns com os outros para fortalecer suas atividades. Reconhece que os organismos especializados, órgãos e as instituições pertinentes do sistema das Nações Unidas e outras organizações intergovernamentais têm papel vital na formulação e implementação de normas relativas a direitos humanos em suas respectivas competências.[76]

Recomenda, ainda, que se empreenda um esforço coordenado para estimular e facilitar a ratificação, adesão ou emissão dos tratados e protocolos internacionais de direitos humanos, visando a torná-los

---

76 Idem, ibidem, p. 164-8.

universalmente aceitos. Solicita que os Estados considerem a possibilidade de limitar o alcance de quaisquer reservas com relação a instrumentos internacionais de direitos humanos.

Pela necessidade de manter uma estrutura normativa compatível com a elevada qualidade das normas de direitos humanos existentes, a Conferência reafirma as diretrizes para a elaboração de novos instrumentos internacionais previstos na Resolução n. 41/120 da Assembleia Geral das Nações Unidas e solicita aos órgãos de direitos humanos das Nações Unidas que levem em consideração essas diretrizes.

C. Igualdade, dignidade e tolerância

Abordagem que se faz necessária é aquela a respeito do "Racismo, discriminação racial, xenofobia e outras formas de intolerância".[77]

A Conferência considera a eliminação do racismo e da discriminação racial um objetivo primordial da comunidade internacional e um programa mundial de promoção no campo dos direitos humanos. Os órgãos e organismos das Nações Unidas devem fortalecer seus esforços para implementar tal programa de ação, relativo à terceira década de combate ao racismo e à discriminação racial, e desenvolver ações subsequentes com a mesma finalidade. Insta todos os governos a tomarem medidas imediatas e desenvolverem políticas vigorosas para combater todas as formas de racismo, intolerância, discriminação, onde seja necessário, promulgando leis adequadas, adotando medidas penais cabíveis e estabelecendo instituições nacionais para combater tais fenômenos. Convida todos os Estados a aplicarem as disposições da Declaração sobre a Eliminação de Todas as Formas de Intolerância e Discriminação Racial baseadas em Religião ou Crença.

---

77 Idem, ibidem, p. 168-79.

Todas as pessoas que cometem ou autorizam atos criminosos nesse sentido são individualmente responsáveis por essas violações de direitos humanos e devem responder por elas. As vítimas da "limpeza étnica" têm direito a reparações adequadas e efetivas. A Conferência insta a Comissão dos Direitos Humanos a examinar formas e meios para promover e proteger eficazmente os direitos das pessoas (minoria). Solicita ao Centro para os Direitos Humanos que forneça peritos qualificados em questões de minorias e direitos humanos para ajudar esses governos a resolverem situações existentes ou latentes que envolvam minorias. As medidas a serem tomadas devem facilitar a sua plena participação em todos os aspectos da vida política, econômica, social, religiosa e cultural da sociedade no progresso econômico e desenvolvimento de seu país. Também recomenda que os programas de consultoria e assistência técnica no âmbito do sistema das Nações Unidas respondam positivamente às solicitações dos Estados, de programas de assistência que possam produzir benefícios diretos para as populações indígenas. Os recursos humanos e financeiros adequados devem ser colocados à disposição do Centro para os Direitos Humanos, dentro do objetivo geral de fortalecer as suas atividades.

1.5 GLOBALIZAÇÃO ECONÔMICA, INTEGRAÇÃO REGIONAL E DIREITOS HUMANOS

Flávia Piovesan monta um quadro quase completo do objetivo de todo este escrito, merecendo o estudo a seguir retratado.

Para enfocar os desafios e dilemas oriundos da globalização econômica no que se refere aos direitos humanos no processo de integração regional, é mister enfrentar quatro questões centrais, como bem determina a autora:

Como compreender a concepção contemporânea de direitos humanos?;

De que modo o processo de integração regional no âmbito europeu e latino-americano tem incorporado a cláusula referente aos direitos humanos?;

Qual tem sido o impacto da globalização econômica no que tange à proteção dos direitos humanos, no âmbito da integração regional, particularmente da União Europeia e do Mercosul? [78]

Como compreender a concepção contemporânea de direitos humanos?[79]

A Segunda Guerra Mundial significou, com todo o seu horror absoluto em razão do genocídio concebido como projeto político e industrial, a ruptura com os direitos humanos. Por conseguinte, deveria o pós-guerra significar a sua reconstrução.

Em 10 de fevereiro de 1948, como marco inicial para a reconstrução dos direitos humanos, foi aprovada a Declaração Universal dos Direitos Humanos; Declaração que introduz a concepção contemporânea de direitos humanos, caracterizada pela universalidade e indivisibilidade.

Universalidade porque clama pela extensão universal dos direitos humanos a todos, sob a crença de que a condição da pessoa é o requisito único para a dignidade e titularidade de direitos. Indivisibilidade porque a garantia dos direitos civis e políticos é condição para a observância dos direitos sociais, econômicos e culturais.

Em face da indivisibilidade dos direitos humanos, há de ser definitivamente afastada a equivocada noção de que uma classe de direitos (a

---

78 PIOVESAN, Flávia. *Direitos humanos, globalização econômica e integração regional*: desafios do direito constitucional internacional, p. 41-2.
79 Idem, ibidem, p. 40.

dos direitos civis e políticos) merece inteiro reconhecimento e respeito, enquanto outra classe de direitos (a dos direitos sociais, econômicos e culturais), ao contrário, não merece qualquer observância. São eles autênticos e verdadeiros direitos fundamentais exigíveis e demandam séria e responsável observância.[80]

A ideia de proteção dos direitos humanos não se deve reduzir ao domínio reservado do Estado, porque revela tema de legítimo interesse internacional. Por sua vez, essa concepção inovadora aponta duas importantes consequências:

- a revisão da noção tradicional de soberania absoluta do Estado, que passa a sofrer um processo de relativização, na medida em que são admitidas intervenções no plano nacional em prol da proteção dos direitos humanos; e
- a cristalização da ideia de que o indivíduo deve ter direitos protegidos na esfera internacional, na condição de sujeito de direito.

O processo de universalização dos direitos humanos permitiu a formação de um sistema normativo internacional de proteção desses direitos. A partir da aprovação da Declaração Universal de 1948 e da concepção contemporânea de direitos humanos por ela introduzida, começa a se desenvolver o direito internacional dos direitos humanos, mediante a adoção de inúmeros tratados internacionais voltados à proteção de direitos fundamentais.[81]

Conforme leciona Norberto Bobbio, os direitos humanos nascem como direitos naturais universais, desenvolvem-se como direitos positivos particulares (quando cada Constituição incorpora declarações

---

80 Idem, ibidem, p. 40.
81 Idem, ibidem, p. 44.

de direitos), para finalmente encontrarem sua plena realização como direitos positivos universais. [82] "A concepção contemporânea de direitos humanos caracteriza-se pelos processos de universalização e internacionalização destes direitos, compreendidos sob o prisma de sua indivisibilidade."[83]

De que modo o processo de integração regional nos âmbitos europeu e latino-americano tem incorporado a cláusula referente aos direitos humanos?[84]

O processo de universalização dos direitos humanos realizado após a Segunda Guerra permitiu a criação de organizações de cooperação e integração econômica.

Além do processo de internacionalização dos direitos humanos, a ordem contemporânea tem sido marcada pela consolidação de blocos econômicos, que decorrem do crescente processo de integração regional.

O processo de integração econômica europeia orienta-se, hoje, por um modelo supranacional, e não meramente intergovernamental. Na concepção de supranacionalidade – que implica a cessão de direitos de soberania dos quinze Estados-membros às instituições da União Europeia – estão baseadas a supremacia e a aplicação direta do Direito Comunitário em relação ao Direito Interno dos Estados.[85]

O processo de integração europeia pode ser considerado uma resposta específica da Europa em relação ao contexto externo, marcado por questões de guerra e paz.

O Tratado de Amsterdã, de 1° de maio de 1999, o qual oferece um novo impulso à construção institucional da União Europeia, proporcio-

---

82 Apud idem, ibidem, p. 44.
83 Idem, ibidem, p. 44.
84 Idem, ibidem, p. 45.
85 Idem, ibidem, p. 47.

nou o avanço considerável na garantia dos direitos humanos ao proclamar que: "A União Europeia é fundada nos princípios da liberdade, democracia, respeito aos direitos humanos e às liberdades fundamentais e Estado de Direito".[86]

O mencionado Tratado reitera o respeito que a União Europeia deve aos direitos humanos fundamentais assegurados na Convenção Europeia de Direitos Humanos, bem como os direitos decorrentes das tradições constitucionais comuns aos Estados-membros, como princípios gerais do direito comunitário.

Com vistas a fortalecer a proteção dos direitos humanos, também merece destaque a Carta de Direitos Fundamentais da União Europeia, a *Charter of Fundamental Rights of the European Union*, adotada em Nice, em dezembro de 2000. No seu preâmbulo, a Carta certifica que a União Europeia é fundada na indivisibilidade e na universalidade dos valores da dignidade humana, liberdade, igualdade e solidariedade, tendo como base os princípios da democracia e do Estado de Direito. Contudo, a Carta não apresenta força jurídica vinculante, assumindo a forma de declaração.

Outra relevante questão, que ganhará cada vez mais atenção em virtude da recente adoção da Carta de Direitos Fundamentais da União Europeia, é a relação entre a União Europeia e o sistema normativo de proteção internacional dos direitos humanos, visto que todas as propostas para a União Europeia foram obstadas pela decisão da Corte Europeia de Justiça, que entendeu que tal medida dependeria de emenda aos tratados da União Europeia e demandaria a ratificação unânime de todos os seus membros.

No tocante à experiência latino-americana de integração econômica, destaca-se particularmente a experiência do Mercosul. O Mercosul

---

86 Idem, ibidem, p. 48.

representa um passo inovador no processo de cooperação e integração latino-americano e insere-se na realidade atual de formação de blocos econômicos entre países de uma mesma região.

É relevante avaliar a relação entre o aparato normativo internacional de proteção dos direitos humanos e os tratados referentes ao Mercosul. No âmbito latino-americano, o processo de democratização da região propiciou a incorporação de importantes instrumentos internacionais de proteção dos direitos humanos pelos Estados.

No que tange à incorporação dos tratados internacionais de proteção dos direitos humanos, observa-se que as Constituições da Argentina, do Brasil, do Uruguai e do Paraguai conferem a esses instrumentos uma hierarquia especial e privilegiada, distinguindo-os dos tratados tradicionais.

As Constituições desses países, na qualidade de marcos jurídicos da transição democrática, fortalecem extraordinariamente a gramática dos direitos humanos, ao consagrarem o primado do respeito a esses direitos como paradigma propugnado para a ordem internacional.

Se de um lado o constitucionalismo contemporâneo passa a proteger, cada vez mais, cláusulas constitucionais abertas, que permitem a interação da ordem local contra a ordem internacional, por outro lado a ordem internacional torna-se cada vez mais consolidada, mediante um elevado grau de positivação normativa, principalmente no que diz respeito aos direitos humanos.

O processo de internacionalização dos direitos humanos traz reflexos no âmbito normativo interno, na medida em que as constituições contemporâneas hão de respeitar parâmetros internacionais mínimos voltados à proteção da dignidade humana.

A normatividade internacional de proteção aos direitos humanos, quer no âmbito da União Europeia ou no âmbito do Mercosul, estabelece um conjunto de parâmetros materiais mínimos impositivos aos

Estados integrantes desses blocos econômicos, que devem ser observados como condição para a própria permanência daqueles países na União Europeia ou no Mercosul.

Qual tem sido o impacto da globalização econômica no que tange à proteção dos direitos humanos no âmbito da integração regional, particularmente da União Europeia e do Mercosul?[87]

Ao revés, a globalização econômica tem comprometido a vigência dos direitos humanos, em especial dos direitos sociais. Em face da indivisibilidade dos direitos humanos, a violação aos direitos sociais acaba por implicar a violação aos direitos civis e políticos, o que resulta na fragilização da própria democracia. Testemunha-se, ainda, o impacto transformador e desagregador da transnacionalização dos mercados sobre as estruturas político-institucionais, na medida em que as decisões passam a ser tomadas no âmbito de organismos multilaterais e conglomerados multinacionais, com a substituição da política pelo mercado, enquanto instância decisória.[88]

A crítica deste autor vai exatamente na afirmação de que a globalização como imposta aos países pobres compromete qualquer programa que, eventualmente, os Estados queiram pôr em prática, vez que os compromissos a que estão obrigados os impedem de investir adequadamente no âmbito social. Assim, considerando a unidade dos direitos humanos, claro está que a democracia, como consequência, é também fragilizada.

Como dito por Flávia Piovesan, a evidência é de uma globalização excludente, isto é, adstrita tão somente à economia e às finanças, desprezando-se o que é propugnado nesta obra, esperançosa de que em breve tempo haveremos de contar com a globalização integradora, isto

---

87 Idem, ibidem, p. 62.
88 Idem, ibidem, p. 67.

é, direitos humanos e globalização, os primeiros como escopo básico e a segunda como manto de sustentação dos projetos sociais.

1.6 OS ASPECTOS DAS GARANTIAS INDIVIDUAIS E SOCIAIS

Falar sobre garantias individuais e sociais é, no meu entender, complemento essencial do todo desta obra. As garantias individuais e sociais são os objetivos mais importantes a se perseguir em qualquer Estado Democrático de Direito. Assim, necessário se faz estabelecer a diferenciação entre direitos e garantias individuais.

Na doutrina encontramos um interessante posicionamento de Canotilho:

> [...] as garantias são também direitos, mesmo que nelas apareçam o caráter instrumental de proteção dos direitos.
>
> As garantias são demonstradas no direito dos cidadãos, a exigir a proteção de seus direitos pelo poder público e também no reconhecimento de meios processuais adequados à finalidade. [89]

Jorge Miranda[90] entende no mesmo sentido que Canotilho, de haver contraposição dos direitos fundamentais pela sua estrutura, natureza e função em direitos por um lado e garantias por outro. Direitos relacionam-se a certos bens, e as garantias destinam-se a assegurar-lhes a sua fruição. Direitos são principais, e as garantias, acessórias, projetam-se pelo nexo com os direitos.

As pessoas físicas são beneficiárias dos direitos e das garantias fundamentais individuais. Reconhece-se o direito à existência.

---

89 Apud MORAES, Alexandre de. *Direitos humanos fundamentais*, p. 81.
90 Apud idem, ibidem, p. 82.

O regime jurídico das liberdades públicas protege pessoas naturais, que têm direito à segurança, à propriedade e aos remédios constitucionais.

As garantias institucionais não seriam direitos atribuídos diretamente às pessoas, mas a determinadas instituições. Desse modo, a maternidade, a família, a liberdade de imprensa e o funcionalismo público são instituições protegidas como realidades sociais objetivas, expandindo-se indiretamente para a proteção dos direitos individuais.

Existe uma grande preocupação em saber se o constituinte de 1988 esteve interessado igualmente na criação de meios que garantem o cumprimento dessas normas.

Na Constituição Federal, no Título "Da Ordem Econômica e Financeira", no Capítulo I "Dos Princípios Gerais da Atividade Econômica", há o tema relativo ao desenvolvimento nacional e a justiça social, com os princípios básicos da liberdade de iniciativa, a valorização do trabalho como condição da dignidade humana, a função social da propriedade, a harmonia e a solidariedade, a partir do art. 170, cuja íntegra é:

> Art. 170. A ordem econômica, fundada na valorização do trabalho humano e na livre iniciativa, tem por fim assegurar a todos existência digna, conforme os ditames da justiça social, observados os seguintes princípios:
>
> I – soberania nacional;
>
> II – propriedade privada;
>
> III – função social da propriedade;
>
> IV – livre concorrência;
>
> V – defesa do consumidor;
>
> VI – defesa do meio ambiente, inclusive mediante tratamento diferenciado conforme o impacto ambiental dos produtos e serviços e de seus processos de elaboração e prestação;

VII – redução das desigualdades regionais e sociais;

VIII – busca do pleno emprego;

IX – tratamento favorecido para as empresas de pequeno porte constituídas sob as leis brasileiras e que tenham sua sede e administração no País.

Parágrafo único. É assegurado a todos o livre exercício de qualquer atividade econômica, independentemente de autorização de órgãos públicos, salvo nos casos previstos em lei.

O Brasil iniciou mudanças, realizando a organização da sociedade civil a partir de parâmetros democráticos, como a OAB, na defesa dos direitos humanos e dos cidadãos.

Mas ocorre que a discussão sobre os princípios da ordem econômica e social, visando a atrair a consciência popular, não incluiu temas para o aprimoramento dos meios garantidores de todos esses direitos. É necessária a busca da reformulação e eficácia dos poderes garantidores desses princípios, destacando um Poder Judiciário célere nas decisões, com baixo custo e com equidade. Os tribunais precisam situar-se entre os Poderes Legislativo e Executivo para neutralizar os excessos e garantir o cumprimento das leis.

Dessa forma, o parlamentar, ao reafirmar ou criar o direito, deve, ao mesmo tempo, aperfeiçoar os instrumentos hábeis a exigi-los colocados ao alcance de todos.

2
Direitos fundamentais na Constituição brasileira de 1988

2.1 Preliminares sobre os direitos humanos fundamentais 73
2.2 Classificação dos direitos fundamentais 76
2.3 A soberania e a cidadania como fundamentos da República. 83
2.4 Relatividade dos direitos humanos fundamentais .87
2.5 A Constituição brasileira de 1988 e a institucionalização dos direitos e
garantias fundamentais 89
2.6 Comentários doutrinários sobre a Constituição e os direitos fundamentais. 91

2.1 PRELIMINARES SOBRE OS DIREITOS HUMANOS FUNDAMENTAIS

O crescente e contemporâneo interesse e a preocupação pelos direitos humanos não necessariamente significam que o homem e a mulher de meados do século XX são mais iluminados do que seus ancestrais ou do que seus descendentes possam tornar-se. A preocupação pelos direitos das pessoas é, como ela tem ocorrido na história, um sinal de que esses direitos estão vivendo um perigo incomum e um profundo mal-estar social.[91]

---

[91] Apud ALMEIDA, Guilherme Assis de. *Direitos humanos e não violência*, p. 53.

A nota é de autoria de R. B. Lillich, extraída de seu livro *International human rights* (2nd ed. Boston, Little Brown, 1991, p. 13), transmitindo a ideia de que a preocupação das pessoas com a efetivação dos direitos humanos é muito grande. O risco é, inclusive, do desaparecimento deles, caso não haja imediata reflexão sobre o desprezo dos governos às questões sociais.

Klaus Stern,[92] ao dissertar sobre "Os direitos fundamentais e o Estado constitucional", afirma que os direitos fundamentais, em seu aspecto formal, nada mais são que os direitos humanos positivados pela Constituição e que a ideia de Constituição está intrinsecamente ligada à ideia dos direitos fundamentais.

Somente após 1776 começou-se a falar em direitos da personalidade e da dignidade do homem como bens a serem juridicamente protegidos. Assim, a partir dessa data, a parte organizatória da Constituição e o sistema de direitos fundamentais passaram a ter conteúdo valorativo equiparável. Os direitos fundamentais transformaram-se em parte essencial do ordenamento jurídico, visto que constituem ao mesmo tempo "base e fundamento do governo".

No início do século XX, muitos países do "Terceiro Mundo" inseriram em suas constituições os direitos humanos, embora na maioria das vezes apenas formalmente.

Os direitos declarados pela Constituição brasileira de 1967 não tinham o mesmo significado dos direitos fundamentais declarados pela Constituição de 1988.

Constituem características da Constituição de 1967, entre outras: a preocupação com a segurança nacional, o maior poder concedido à União e ao presidente da República, com redução da autonomia individual, que chegou a permitir a suspensão de direitos e garantias

---

92 Apud PINHEIRO, Carla. *Direito internacional e direitos fundamentais*, p. 63.

constitucionais, haja vista a imposição do AI-5 (Ato Institucional n. 5), elaborado em nome da segurança nacional.

Essa Constituição, na época do Estado ditatorial, em que qualquer alteração constitucional seria possível, não garantia os direitos fundamentais como direitos do cidadão diante do Estado. Assim, não passava de uma Carta em que figuravam direitos humanos positivados que facilmente poderiam ser suprimidos em face de interesses considerados mais relevantes pelo regime militar, bastando alegar a segurança pública.

A Constituição de 1988 iniciou um processo de mudança, conferindo aos direitos fundamentais uma posição privilegiada, não só de forma quantitativa (a Constituição de 1967 estabelecia o número de 36 direitos fundamentais, enquanto a atual estabelece 83) ou topográfica (pois antes eram tratados no fim da Constituição, passando agora a serem tratados no início da Carta), mas também quanto à percepção da dimensão que tais direitos assumiram, tanto em nível constitucional quanto no contexto de todo o ordenamento jurídico.

Nessa esteira de inovações, a Carta Magna não trouxe em seu bojo expressamente a intangibilidade de todos os direitos fundamentais, apenas determinou que os direitos individuais constituem cláusula pétrea e que são expressos no § 1° do art. 5°, de aplicação imediata.

A nossa Constituição admite no seu texto a incorporação de normas de tratados internacionais de direitos humanos, conforme preceitua o seu art. 5°, § 2°, constituindo, assim, a forma mais adequada de se garantir a materialização dos direitos humanos inseridos nos tratados dos quais o Brasil seja signatário.

Além de declarar que a dignidade humana constitui fundamento de compreensão e interpretação da Constituição, o constituinte estabeleceu no art. 5°, § 2°, que os direitos fundamentais nela expressos não excluem outros decorrentes do regime e dos princípios por ela adotados, ou dos tratados internacionais em que o Brasil seja parte.

Ao estabelecer como fundamento o respeito à dignidade da pessoa humana, determinou a Constituição que toda interpretação e aplicação do direito deverá sempre seguir um modelo que privilegie a proteção desse direito.

Cabe ressaltar que os direitos humanos objetivam proteger os direitos dos seres humanos, e não salvaguardar as prerrogativas do Estado, motivo pelo qual os tratados que contêm tais direitos apresentam caráter especial, ou seja, possuem hierarquia de norma constitucional.

Por conseguinte, existem na sistemática jurídica brasileira dois regimes aplicáveis aos tratados: um aplicável aos tratados de direitos humanos e outro aplicável aos demais tratados. Assim, logo após a ratificação, os tratados que cuidam de direitos humanos passariam de imediato a integrar o ordenamento jurídico, ao contrário dos demais tratados, que necessitam obedecer a um procedimento determinado para que possam ingressar na ordem jurídica interna.

É de Fábio Konder Comparato a afirmação de que: "[...] todos os seres humanos, apesar de diferenças biológicas e culturais que os distinguem entre si, merecem igual respeito, como únicos entes no mundo capazes de amar, descobrir a verdade e criar a beleza".[93]

Nenhum indivíduo pode afirmar-se superior aos demais.

2.2 CLASSIFICAÇÃO DOS DIREITOS FUNDAMENTAIS

Didaticamente, é importante tentar classificar os direitos fundamentais para entender as disposições em nossa Constituição Federal de 1988 a partir de certos dados internacionais.

O reconhecimento dos direitos humanos de caráter econômico e social foi o principal benefício do movimento socialista. O titular desses

---

93 COMPARATO, Fábio Konder. *A afirmação histórica dos direitos humanos*, p. 1.

direitos é o conjunto dos grupos sociais atingidos pela miséria, fome e marginalização.

As declarações de direitos norte-americanas, em conjunto com a Declaração Francesa de 1789, representaram a emancipação histórica do indivíduo perante os grupos sociais. Mas a perda desses grupos, como a família, o Estado ou a Igreja, tornou o homem mais vulnerável à vida. A sociedade liberal, então, trocou, oferecendo a segurança da legalidade, garantindo a igualdade de todos perante a lei.[94]

Essa igualdade foi pouco efetiva para os trabalhadores empregados em empresas capitalistas. Patrões e operários eram considerados contratantes perfeitamente iguais em direitos, com inteira liberdade para estipular o salário e as demais condições de trabalho. Fora da relação de trabalho assalariado, a lei assegurava a todos possibilidade jurídica mediante comportamento disciplinado.[95]

Em razão disso, ocorreu a pauperização das massas proletárias, tendo por consequência a necessidade de organização da classe trabalhadora. A Constituição francesa de 1848, retomando o espírito de certas normas das Constituições de 1791 e 1793, reconheceu algumas exigências econômicas e sociais. Mas a plena afirmação dos direitos humanos só veio a ocorrer com a Constituição mexicana de 1917 e a Constituição de Weimar de 1919.[96]

De acordo com o desenvolvimento do direito internacional dos direitos humanos, ocorre a fase legislativa das declarações e tratados; assim, os direitos foram divididos em "civis e políticos", de um lado, e "econômicos, sociais e culturais", de outro. Em sua maioria eram os direitos civis e políticos correspondentes aos direitos fundamentais de origem liberal. Entre os dois grupos há distinções quanto à natureza

---

94 Idem, ibidem, p. 50-1.
95 Idem, ibidem, p. 51.
96 Idem, ibidem, p. 51.

da prestação estatal, justificando a distinção do direito internacional dos direitos humanos.

Conforme a análise de Jorge Miranda, os direitos civis são os de liberdade, como objeto da expansão da personalidade sem interferência do Estado ou de terceiros. Protegem os atributos caracterizadores da personalidade moral e física do indivíduo. Os direitos políticos, por sua vez, são os poderes da pessoa de ingressar na vida política (liberdades – participação).[97]

Os direitos econômicos têm dimensão institucional, visando ao interesse público no que tange ao Estado regular o mercado.

Os direitos sociais são possibilidades de melhores condições de vida, ao equalizar situações sociais desiguais por meio de uma tutela pessoal proporcionada pelo Estado. Os culturais, por outro lado, são aqueles relacionados à identidade, à história e à memória da sociedade brasileira. Visam a promover a igualdade e ordem social justa.

A divisão dos direitos não deve conduzir à ideia da diferença absoluta entre as duas dimensões. Assim, há necessidade de comparação entre os direitos encerrados pelos tratados para extrair-lhes os pontos de convergência e de afastamento.

A Constituição Federal de 1988 abrigou no Título II, "Os Direitos e Garantias Fundamentais", dividindo-o em cinco capítulos, a saber: dos direitos individuais e coletivos; dos direitos sociais; da nacionalidade; dos direitos políticos; e dos partidos políticos. Aproveito o que fala sumariamente Alexandre de Moraes:

- *Direitos individuais e coletivos* – correspondem aos direitos diretamente ligados ao conceito de pessoa humana e de sua própria personalidade, como por exemplo: vida, dignidade, honra, liberdade. Basicamente, a Constituição de 1988 os prevê no art. 5°,

---

97 Apud WEIS, Carlos. *Direitos humanos contemporâneos*, p. 44.

- *Direitos sociais* – caracterizam-se como verdadeiras liberdades positivas, de observância obrigatória em um Estado Social de Direito, tendo por finalidade a melhoria das condições de vida aos hipossuficientes, visando à concretização da igualdade social, que configura um dos fundamentos de nosso Estado Democrático, conforme preleciona o art. 1°, IV. A Constituição Federal consagra os direitos sociais a partir do art. 6°.

- *Direitos de nacionalidade* – nacionalidade é o vínculo jurídico político que liga um indivíduo a um certo e determinado Estado, fazendo deste indivíduo um componente do povo, da dimensão pessoal deste Estado, capacitando-o a exigir sua proteção e sujeitando-o ao cumprimento de deveres impostos.

- *Direitos políticos* – conjunto de regras que disciplina as formas de atuação da soberania popular. São direitos públicos subjetivos que investem o indivíduo no *status activae civitatis*, permitindo-lhe o exercício concreto da liberdade de participação nos negócios políticos do Estado, de maneira a conferir os atributos da cidadania. Tais normas constituem um desdobramento do princípio democrático inscrito no art. 1°, parágrafo único, da Constituição Federal, que afirma que todo o poder emana do povo, que o exerce por meio de representantes eleitos ou diretamente. A Constituição regulamenta os direitos políticos no art. 14.

- *Direitos relacionados à existência, organização e participação em partidos políticos* – a Constituição Federal regulamentou os partidos políticos como instrumentos necessários e importantes para preservação do Estado Democrático de Direito, assegurando-lhes autonomia e plena liberdade de atuação, para concretizar o sistema representativo.[98]

Quanto aos direitos individuais e coletivos, acrescento por necessário o que há de importante quanto ao positivado na Constituição Fe-

---

98 *Direitos humanos fundamentais*, p. 43-4.

deral. O art. 5° regulamenta alguns desses direitos. Transcrevo: "Art. 5° Todos são iguais perante a lei, sem distinção de qualquer natureza, garantindo-se aos brasileiros e aos estrangeiros residentes no País a inviolabilidade do direito à vida, à liberdade, à igualdade, à segurança e à propriedade, nos termos seguintes: [...]."

Também, a Constituição Federal prevê o mandado de injunção, previsto no inciso LXXI do art. 5°, desta forma:

> Art. 5° [...]
>
> LXXI – conceder-se-á mandado de injunção sempre que a falta de norma regulamentadora torne inviável o exercício dos direitos e liberdades constitucionais e das prerrogativas inerentes à nacionalidade, à soberania e à cidadania.

Na prática, essa experiência não é satisfatória. A efetivação de direitos sociais, quando requer instituição de serviço público, dificilmente pode resultar de uma determinação judicial. Tanto que as pesquisas sobre o mandado de injunção resultaram infrutíferas sobre eventuais decisões jurisprudenciais. Poucos são os registros, quase sempre denegatórios, por exemplo:

> Ementa. Direito Constitucional. Mandado de injunção. Taxa de juros reais. Limite de 12% ao ano. Arts. 5°, LXXI, e 192, § 3°, da Constituição Federal. 1. Em face do que ficou decidido pelo Supremo Tribunal Federal, ao julgar a ADI n. 4, o limite de 12% ao ano, previsto, para os juros reais, pelo § 3° do art. 192 da Constituição Federal, depende de aprovação da Lei regulamentadora do Sistema Financeiro Nacional, a que se refere o *caput* do mesmo dispositivo. 2. Estando caracterizada a mora do Poder Legislativo, defere-se, em parte, o Mandado de Injunção, para se determinar ao Congresso Nacional

que elabore tal Lei. 3. O deferimento é parcial porque não pode esta Corte impor, em ato próprio, a adoção de tal taxa, nos contratos de interesse dos impetrantes ou de quaisquer outros interessados, que se encontrem na mesma situação. 4. Precedentes. (MI n. 611/SP, São Paulo, rel. Min. Sydnei Sanches, j. 21.08.2002).

Embargos de declaração. Mandado de injunção. Polícia Ferroviária Federal. Art. 144, § 3°, da CF. Ilegitimidade ativa. Precedente: MI n. 545, rel. Min. Ilmar Galvão. Repisa o embargante questão já apreciada por este Supremo Tribunal por mais de uma vez. Além do presente acórdão embargado, julgou o Plenário desta Corte, no mesmo sentido, o MI n. 545, rel. Min. Ilmar Galvão, *DJ* 02.08.2002, no qual fixou-se o entendimento de que a previsão constitucional de uma Polícia Ferroviária Federal, por si só, não legitima a exigência, por parte dos impetrantes, de investidura nos cargos, referentes a uma carreira que ainda não foi sequer estruturada. Embargos rejeitados por inexistir omissão ou contradição a ser suprida além do cunho infringente de que se revestem. (Embargos de declaração no MI n. 627 ED/SP, São Paulo, rel. Min. Gilmar Mendes, j. 05.12.2002).

Mandado de injunção. Objeto. Descabe confundir preceito constitucional assegurador de um certo direito com a autorização para o legislador, em opção político-legislativa, criar exceções à regra de contagem de tempo de serviço, presentes as peculiaridades da atividade. Tanto o § 1° do art. 40 da Constituição Federal na redação primitiva não ensejava mandado de injunção (precedente: Mandado de Injunção n. 444/MG, rel. Min. Sydnei Sanches, *DJ* 04.11.1994), quanto o hoje § 4° do art. 40, decorrente da Emenda Constitucional n. 20, de 1998, não alcança a outorga de direito constitucional. (Ag. Reg. no MI n. 592 Agr./SP, São Paulo, rel. Min. Marco Aurélio, j. 04.03.2004).

Mandado de injunção. Competência do Tribunal de Justiça em sede de mandado de injunção. Limitação às hipóteses de inexistência de norma legal que frustre o exercício de direitos assegurados pela Constituição Estadual. No caso, não contém esse diploma regra assegurando a revisão periódica da remuneração dos requerentes, o que somente vem previsto na Constituição Federal. Inadequação da via eleita. Extinção do processo, sem exame de mérito. (TJ, MI n. 108.004.0/6-00, São Paulo, rel. Des. Viseu Júnior, j. 17.03.2004).

Quanto aos direitos sociais, aduzo como a Constituição os positiva.

No art. 6º da Constituição estão enunciados alguns direitos sociais, que também são direitos fundamentais (educação, trabalho, lazer, segurança e previdência social, proteção à maternidade e à infância, assistência aos desamparados – havendo o acréscimo do direito à moradia com a Emenda Constitucional n. 26/2000). Transcrevo: "Art. 6º São direitos sociais a educação, a saúde, o trabalho, a moradia, o lazer, a segurança, a previdência social, a proteção à maternidade e à infância, a assistência aos desamparados, na forma desta Constituição".

A Constituição regulamenta os direitos políticos no art. 14. Transcrevo:

Art. 14. A soberania popular será exercida pelo sufrágio universal e pelo voto direto e secreto, com valor igual para todos, e, nos termos da lei, mediante:
I – plebiscito;
II – referendo;
III – iniciativa popular. [...]

Por fim, a participação em partidos políticos está regulamentada no art. 17 da Constituição. Transcrevo:

Art. 17. É livre a criação, fusão, incorporação e extinção de partidos políticos, resguardados a soberania nacional, o regime democrático, o pluripartidarismo, os direitos fundamentais da pessoa humana e observados os seguintes preceitos:

I – caráter nacional;

II – proibição de recebimento de recursos financeiros de entidade ou governo estrangeiro ou de subordinação a estes;

III – prestação de contas à Justiça Eleitoral;

IV – funcionamento parlamentar de acordo com a lei. [...]

2.3 A SOBERANIA E A CIDADANIA COMO FUNDAMENTOS DA REPÚBLICA

Separei, por sua importância, os títulos "Soberania e Cidadania", principais fundamentos de nossa República, para dar o verdadeiro sentido do Estado Democrático de Direito.

A. Soberania

A soberania significa poder político supremo e independente. É fundamento do próprio conceito de Estado e constitui, também, princípio de ordem econômica, conforme enuncia o art. 170, I, da Constituição Federal.

Os conceitos de Estado e soberania interpenetram-se, eis que, ao nos referirmos a um, obrigatoriamente devemos nos reportar ao outro. A soberania é considerada a qualidade suprema do poder; própria do Estado, diferencia o poder por ele exercido do poder observado nos outros grupos sociais. Segundo Del Vecchio: "soberania é a condição de existência de qualquer Estado".[99]

---

99 Apud SALVETTI NETTO, Pedro. *Curso de teoria do Estado*, p. 55.

Cumpre distinguir, no referente à doutrina da soberania:

- a soberania do Estado consiste no fato de a sociedade política encontrar-se na hierarquia suprema das organizações sociais;
- a soberania no Estado, ou seja, a qualidade do órgão hierarquicamente superior a todos os demais.

Tal distinção, apontada por Duverger,[100] esclarece, de um lado, constituir a soberania atributo do poder político, e evidencia, de outro, a titularidade de seu exercício.

A soberania importa a negação de qualquer poder igual ou superior existente no mesmo território. Em razão da soberania, o Estado não está obrigado a admitir a interferência de outro poder semelhante ao seu em seu território. Caso admitisse, estaria dando ensejo a um conflito de poderes, ferindo assim o princípio da soberania, o qual não concebe a duplicidade de poderes soberanos.

Consequentemente, a soberania deve ser entendida não como a expressão de um poder político mais alto, totalmente isolado de qualquer valor, mas, como ensina o Prof. Miguel Reale, como tendência culturalista, na qual, a um só tempo, seja ela força e direito, ambos os fenômenos bem integrados consoante se pode dessumir de sua expressiva definição: "Soberania é o poder que tem uma nação de organizar-se livremente e de fazer valer dentro de seu território a universalidade de suas decisões para a realização do bem comum".[101]

Define Marcelo Caetano soberania como sendo:

---

100 Apud idem, ibidem, p. 56.
101 *Teoria do direito e do Estado*, p. 140.

[...] um poder político supremo e independente, entendendo-se por poder supremo aquele que não está limitado por nenhum outro na ordem interna e por poder independente aquele que, na sociedade internacional, não tem de acatar regras que não sejam voluntariamente aceitas e está em pé de igualdade com os poderes supremos dos outros povos.[102]

Constitui soberania a capacidade do país de editar o seu próprio ordenamento jurídico (suas normas, inclusive a lei magna), de tal modo que qualquer regra externa só tenha validade e aceitação no país após recepcionada pela sua própria constituição.

O exercício da soberania popular será exercido por meio do sufrágio universal.

Ademais, nesse mesmo sentido democrático determina a Constituição, em seu art. 1°, parágrafo único, que: "todo poder emana do povo, que o exerce por meio de representantes eleitos ou diretamente".

À luz desse artigo, subentende-se que a titularidade dos mandatos (executivo e legislativo) apenas será legítima quando relacionados a ato expressamente popular. Destarte, somente serão representantes populares aqueles cujos mandatos resultem de eleição popular.

B. Cidadania

Sobre cidadania, colhi preciosas informações de Elias Farah,[103] que resumo a seguir.

---

102 Apud MORAES, Alexandre de. *Direitos humanos fundamentais*, p. 59.
103 FARAH, Elias. *Cidadania*, p. 1 e seguintes.

Cidadania é o estatuto que rege, de um lado, o respeito e a obediência que o cidadão deve ao Estado e, de outro lado, a proteção e os serviços que o Estado deve dispensar ao cidadão.

A cidadania ou os direitos humanos incluem nas suas preocupações os idosos, garantindo-lhes o voto facultativo, transporte coletivo gratuito e aposentadoria. É garantido constitucionalmente, por previdência social, um salário-mínimo mensal se não tiver recursos.

Igualmente como ocorre com as crianças, cumpre a todos da sociedade mobilizar-se para amparar e proteger os idosos para que sua dignidade seja preservada.

Todas as pessoas estão procurando uma melhor qualidade de vida. Além da responsabilidade dos poderes públicos na reformulação das megalópoles, onde, de um lado, são usufruídos benefícios socioeconômicos, de outro lado sofrem os males da poluição, o cidadão também tem a obrigação pessoal de contribuir para a proteção e a preservação de bens públicos. A qualidade de vida pode ser melhor com nossa solidariedade cívica.

A cidadania é enfocada como o exercício dos direitos assegurados aos cidadãos, assim como a garantia de que os deveres de cada um possam ser cobrados eficazmente para haver convivência pacífica e construtiva entre o público e o privado.

A preocupação com os direitos humanos foi inspirada na solidariedade humana e nos imperativos éticos, caminhos que contribuem para uma sociedade mais feliz. Foram feitos avanços significativos nas áreas das família, saúde, educação, política, e consumo e meio ambiente.

Os mais importantes direitos que sustentam uma sociedade democrática são: cidadania e comunidade. A cidadania busca o direito de convivência nas dimensões civil, política e social e ver atendidas suas necessidades básicas.

A realização dos ideais da cidadania tem uma prioridade: a justiça social, com o acesso de todos aos bens úteis à felicidade do cidadão.

Cidadania e direitos humanos, atualmente, são promessas de preocupação social. O principal direito fundamental é o direito à vida. Após, vêm os direitos sociais, o direito à educação, o direito ao trabalho, o direito à segurança, o direito à moradia, o direito ao lazer e o direito à cultura.

A consciência crítica sobre temas da cidadania é exigência do cidadão esclarecido. Depende disso a inclusão dos direitos humanos como alternativa para sua defesa. A cidadania é uma cultura que se cria ou é um resultado das experiências dos cidadãos com a participação na comunidade.

Há necessidade de o cidadão compartilhar ativamente as discussões da sua comunidade, visto que o fortalecimento da sociedade civil é consequência da ação conjunta entre o cidadão e o Estado.

2.4 RELATIVIDADE DOS DIREITOS HUMANOS FUNDAMENTAIS

Os direitos humanos fundamentais não podem coadunar-se com a proteção de práticas ilícitas ou com a não responsabilização civil ou penal por atos criminosos, devido ao respeito ao Estado de Direito.[104]

Direitos e garantias fundamentais são ilimitados. Havendo conflito entre dois ou mais direitos ou garantias fundamentais, utiliza-se o princípio da concordância prática ou da harmonização, coordenando os bens jurídicos em conflito, buscando o verdadeiro significado da norma e da harmonia constitucional com seus objetivos.

A Declaração dos Direitos Humanos das Nações Unidas, em seu art. 29, afirma:

---

104 MORAES, Alexandre de. *Direitos humanos fundamentais*, p. 46.

Art. 29

1. Toda pessoa tem deveres para com a comunidade, em que o livre e pleno desenvolvimento de sua personalidade é possível.

2. No exercício de seus direitos e liberdades, toda pessoa estará sujeita apenas às limitações determinadas pela Lei, e exclusivamente com o fim de assegurar o devido reconhecimento e respeito dos direitos e liberdades de outrem e de satisfazer às justas exigências da moral, da ordem pública e do bem-estar de uma sociedade democrática.

3. Estes direitos e liberdades não podem, em hipótese alguma, ser exercidos contrariamente aos propósitos e princípios das Nações Unidas.[105]

Nada na presente Declaração poderá ser interpretado no sentido de conferir direito algum ao Estado, a um grupo ou uma pessoa, para empreender e desenvolver atividades ou realizar atos tendentes à supressão de qualquer dos direitos e liberdades nela proclamados.

Apontando a necessidade de relativização dos direitos fundamentais, o Supremo Tribunal Federal afirma que um direito individual "não pode servir de salvaguarda de práticas ilícitas" (*RT* 709/418). Da mesma maneira, diz o Superior Tribunal de Justiça que:

> Está muito em voga, hodiernamente, a utilização *ad argumentandum tantum*, por aqueles que perpetram delitos bárbaros e hediondos, dos indigitados direitos humanos. Pasmem, ceifam vidas, estupram, sequestram, destroem lares e trazem a dor a quem quer que seja, por nada, mas depois, buscam guarida nos direitos fundamentais. É verdade que esses direitos devem ser observados, mas por todos, principalmente, por aqueles que impensadamente, cometem os censurados delitos trazendo a dor aos familiares das

---

105 Idem, ibidem, p. 47.

vítimas. (RHC n. 2.777-9/RJ, 6ª T., rel. Min. Pedro Acioli, Ementário 08/721).[106]

Mas há de se ressaltar que não basta existir a lei para legitimar a intervenção no âmbito dos direitos e das liberdades individuais se as restrições não forem adequadas e razoáveis. Deve-se ater ao princípio da proporcionalidade e à necessidade da sua utilização.

2.5 A CONSTITUIÇÃO BRASILEIRA DE 1988 E A INSTITUCIONALIZAÇÃO DOS DIREITOS E GARANTIAS FUNDAMENTAIS

Em Flávia Piovesan[107] busquei a inspiração para a elaboração deste item.

A Carta de 1988 alargou o campo dos direitos e das garantias fundamentais. A cidadania e a dignidade da pessoa humana são alguns fundamentos que alicerçam o Estado Democrático de Direito brasileiro. Há, então, o encontro do princípio do Estado Democrático de Direito e dos direitos fundamentais – os direitos fundamentais são um elemento básico para a realização do princípio democrático (têm função democratizadora). Construir uma sociedade livre, justa, garantir desenvolvimento nacional etc. são objetivos fundamentais do Estado brasileiro.

Antonio Enrique Pérez Luño assevera que os valores constitucionais têm tripla dimensão: fundamentadora, orientadora e crítica.[108] O valor da dignidade da pessoa humana impõe-se como núcleo básico e informador de todo ordenamento jurídico como critério e parâmetro de valoração a orientar a interpretação e compreensão do sistema cons-

---

106 Idem, ibidem, p. 47.
107 PIOVESAN, Flávia. Op. cit., p. 51-2.
108 Apud idem, ibidem, p. 53.

titucional. O valor da dignidade da pessoa humana, bem como o valor dos direitos e das garantias fundamentais constituem os princípios constitucionais. A busca do texto em resguardar o valor da dignidade humana é redimensionada, privilegia a temática dos direitos fundamentais. O texto de 1988 inclui no catálogo de direitos fundamentais também os direitos sociais. A Carta de 1988 acolhe os princípios da indivisibilidade e interdependência dos direitos humanos, nos quais o valor da liberdade se conjuga ao valor da igualdade. A Constituição prevê, além dos direitos individuais, os direitos coletivos e difusos. Assim, a Constituição concretiza a concepção de que

> os direitos fundamentais representam uma das decisões básicas do constituinte, através da qual os principais valores éticos e políticos de uma comunidade alcançam expressão jurídica. Os direitos fundamentais assinalam um horizonte de metas sociopolíticas a alcançar quando estabelecem a posição jurídica dos cidadãos em suas relações com o Estado, ou entre si.[109]

Para reforçar a imperatividade das normas dos direitos e garantias fundamentais, a Constituição de 1988 institui o princípio da aplicabilidade imediata dessas normas (art. 5º, § 1º), realça a força dos preceitos referentes a direitos, liberdades e garantias fundamentais e objetiva tornar tais direitos prerrogativas diretamente aplicáveis pelos Poderes Legislativo, Executivo e Judiciário. Segundo Canotilho,[110] o fundamental dessa aplicabilidade direta está em reafirmar que os direitos, as liberdades e as garantias são regras e princípios jurídicos eficazes e atuais pela Constituição.

---

109 Apud idem, ibidem, p. 56.
110 Apud idem, ibidem, p. 57.

2.6. COMENTÁRIOS DOUTRINÁRIOS SOBRE A CONSTITUIÇÃO E OS DIREITOS FUNDAMENTAIS

Rica a obra de Paulo Bonavides[111] sobre o direito constitucional, da qual não se pode prescindir neste livro, especialmente neste item.

Em certo ponto, quando se procura uma resposta para "se a Constituição de 1988 é uma Constituição do Estado Social", convém a reprodução de suas considerações:

> Disse Engels que onde o poder do Estado num determinado país entra em contradição com o desenvolvimento econômico, a luta termina sempre com a derrocada do poder político. Eu diria que no caso específico do Brasil o axioma do colaborador de Marx – substituída a expressão desenvolvimento econômico por desenvolvimento social – cobrará um sentido de dramaticidade e advertência para definir com toda a clareza o momento histórico que o país atravessa.
>
> Poderosas forças coligadas numa conspiração política contra o regime constitucional de 1988 intentam apoderar-se do aparelho estatal para introduzir retrocessos na lei maior e revogar importantes avanços sociais, fazendo assim inevitável um antagonismo fatal entre o Estado e a Sociedade.
>
> Não resta dúvida que em determinados círculos das elites vinculadas a lideranças reacionárias está sendo programada a destruição do Estado social brasileiro.
>
> Se isso acontecer será a perda de mais de cinquenta anos de esforços constitucionais para mitigar o quadro de injustiça provocado por uma desigualdade social que assombra o mundo e humilha a consciência desta Nação. Mas não acontecerá, se o Estado social

---

111 BONAVIDES, Paulo. *Curso de direito constitucional*, p. 336.

for a própria sociedade brasileira concentrada num pensamento de união e apoio a valores igualitários e humanistas que legitimam a presente Constituição do Brasil.[112]

Nos arts. 1° e 5° da Constituição Federal de 1988 estão positivados os principais direitos fundamentais, razão porque necessário o nosso detimento em comentar alguns pontos.[113]

No art. 1°, especialmente, encontramos os fundamentos da República Federativa do Brasil, sendo importante a exploração de alguns deles:

- *a soberania*: capacidade de editar suas próprias normas, sendo que qualquer regra heterônoma só vale nos casos admitidos pela Constituição;
- *a cidadania*: é um *status* do ser humano, sendo objeto e direito fundamental das pessoas;
- *a dignidade da pessoa humana*: valor moral e espiritual inerente à pessoa, manifestando-se na autodeterminação consciente e responsável da própria vida, pretendendo o respeito às demais pessoas. São consequências: o direito à vida privada, à intimidade, à honra, à imagem, dentre outros;
- *os valores sociais do trabalho e da livre-iniciativa*: pelo trabalho o homem garante sua subsistência e o crescimento do país;
- o pluralismo político: o legislador se preocupou com a livre participação popular nos destinos políticos do país.

O Estado Democrático de Direito adotou o princípio democrático, ao afirmar que todo o poder emana do povo, que o exerce por meio de representantes eleitos ou diretamente. Esse princípio exprime funda-

---

112 Idem, ibidem, p. 336.
113 MORAES, Alexandre de. *Direitos humanos e fundamentais*, p. 59.

mentalmente a exigência da integral participação de todos e de cada uma das pessoas na vida política do país.

No art. 2° da Constituição Federal de 1988, encontramos a separação das funções estatais, dizendo respeito à limitação do poder e garantia dos direitos fundamentais.[114]

A pluralidade de órgãos necessita de lealdade constitucional, que abrange dois lados. O primeiro, de que os órgãos devem cooperar para realizar objetivos constitucionais e evitar atritos. O segundo determina o respeito mútuo entre os titulares dos órgãos do poder, renunciando à "guerrilha institucional".

Independência e harmonia dos poderes, funções estatais, imunidades e garantias em face do princípio da igualdade.

A finalidade das imunidades e garantias dadas aos membros dos três Poderes e do Ministério Público deve ser vista conforme o princípio da igualdade. A Constituição Federal prevê a igualdade de aptidão, de possibilidades virtuais, vedando as diferenciações arbitrárias e as discriminações, dando tratamento igual aos iguais e desigual aos desiguais, atendendo ao princípio da isonomia.

A Constituição Federal objetiva a defesa do regime democrático, dos direitos fundamentais e da separação dos Poderes, legitimando o tratamento diferenciado aos seus membros.

Essas eventuais diferenciações são compatíveis com a cláusula igualitária. Uma interpretação valorativa dos direitos fundamentais vai ao encontro da dupla finalidade da justiça constitucional das liberdades: evitar regimes ditatoriais e garantir independência e liberdade ao Judiciário com relação aos direitos fundamentais.

---

114 Idem, ibidem, p. 66.

A autodeterminação, a igualdade e a não discriminação são os princípios básicos dos direitos e das garantias fundamentais.

- *princípio da autodeterminação*: afirma que o direito dos povos nacionais à livre determinação é um requisito prévio para o exercício pleno de todos os direitos humanos fundamentais;
- *princípio da igualdade*: todos os Estados são iguais perante a lei brasileira;
- *princípio da não discriminação*: é o exercício pleno de todos os direitos e todas as garantias fundamentais e pertence a todas as pessoas. As legislações constitucionais modernas pretendem defender as minorias étnicas.

No respeitante às relações internacionais, no artigo em destaque, há a enumeração de algumas regras de atuação perante a comunidade internacional, tendo grande importância devido à plena supremacia da independência nacional.

Integração latino-americana (Mercosul): a República Federativa do Brasil é participante do Tratado de Assunção, que constituiu o Mercosul, por um acordo internacional entre Brasil, Argentina, Paraguai e Uruguai.

Há, ainda, a pretensão do desenvolvimento de políticas comuns e normas harmonizadas nos distintos setores da vida econômica para conseguir liberalização dos intercâmbios econômicos comuns. Conforme o mercado comum progride, tornam-se necessárias novas políticas para garantir o bom funcionamento daquele, no que diz respeito ao meio ambiente, à proteção dos consumidores, da energia, das novas tecnologias etc.

A futura integração para criação de um mercado comum amplo deverá ser entendida por uma nova perspectiva, segundo a qual os Estados renunciariam ao livre exercício de algumas jurisdições e as submeteriam às regras jurídicas comuns.

Com respeito ao autor, descrevendo apenas o Tratado de Assunção, deixou de registrar a existência de acordos, por exemplo, o Pacto Andino e outros planos de integração na América Latina.

Asilo político: é o acolhimento de estrangeiro por parte de um Estado que não é o seu, por causa de perseguição por ele sofrida e praticada ou por seu próprio país ou ainda por terceiro. São causas da perseguição: dissidência política, livre manifestação de pensamento ou crimes relacionados com a segurança do Estado. O asilo político apresenta natureza territorial (é concedido ao estrangeiro que tenha ingressado nas fronteiras do novo Estado, sob sua soberania).

Especialmente no art. 5° da Constituição,[115] encontramos a "diferenciação entre direitos e garantias individuais".

- *Os destinatários da proteção*: conforme já foi exposto, os direitos e garantias dados pela Constituição são de brasileiros, pessoas físicas. Protege pessoas naturais, brasileiras ou estrangeiras no território nacional, uma vez que têm direito à existência, à segurança, à propriedade e aos remédios constitucionais.[116]
- *Direito à vida*: é o mais fundamental de todos os direitos, é pré-requisito da existência e do exercício de todos os demais direitos.

---

115 Idem, ibidem, p. 81.
116 Idem, ibidem, p. 82.

O Estado deve assegurar esse direito em sua dupla acepção: direito de continuar vivo e de ter vida digna para a subsistência (alimentação, vestuário, saúde, educação, cultura, lazer etc.), respeitando os princípios fundamentais da cidadania e da dignidade da pessoa humana. Então, o Estado tem dupla obrigação: a de cuidado com a pessoa sem recursos e de efetivação de órgãos competentes públicos e privados para a prestação de serviços públicos adequados, para evitar as deficiências existentes visando a um nível mínimo de vida digna da pessoa humana.

- *Princípio da igualdade*: a Constituição Federal dispõe sobre igualdade de direitos, prevendo igualdade de aptidão e de possibilidades, vedando diferenciações arbitrárias e discriminações absurdas, pois o tratamento desigual aos desiguais quando se diferenciam é exigência do próprio conceito de justiça. O elemento discriminador deve estar a serviço de uma finalidade acolhida pelo Direito. O princípio da igualdade opera em dois planos distintos: por um lado, frente ao legislador ou ao próprio executivo, na edição das leis e normas, impedindo desigualdades e, por outro lado, na obrigatoriedade do intérprete de aplicar a lei igualmente. Há uma tríplice finalidade limitadora do princípio da igualdade: limitação do legislador, intérprete e particular (a este último sendo vedadas condutas preconceituosas).
- *Igualdade entre homem e mulher*: além de tratamentos diferenciados entre os sexos previstos na Constituição Federal, pode a legislação infraconstitucional atenuar os desníveis de tratamento, mas nunca beneficiando um deles (homem/mulher).
- *Princípio da legalidade*: prevê que ninguém será obrigado a fazer ou deixar de fazer alguma coisa senão em virtude de lei. Visa a combater o poder arbitrário do Estado. Só por leis podem criar-se obrigações para o indivíduo, sendo elas a expressão da vontade geral.

A defesa da ideia de legalidade foi realizada por Platão, Aristóteles e Bobbio.[117] Platão afirmou que onde a lei está submetida aos governantes e privada de autoridade há a ruína da cidade, e, onde a lei é a senhora dos governantes, há a salvação da cidade.[118]

De acordo com Aristóteles, para os governantes é necessária a lei, fornecendo normas universais.[119]

Para Norberto Bobbio, uma coisa é o governo exercer o poder segundo leis preestabelecidas e, outra coisa, é exercê-lo mediante leis, isto é, não mediante ordens individuais e concretas. As duas exigências não se superpõem: num Estado de Direito, o juiz, quando emite uma sentença que é uma ordem individual e concreta, exerce o poder *sub lege*, mas não *per lege*; ao contrário, o primeiro legislador, o legislador constituinte, exerce o poder não *sub lege* (salvo ao pressupor, como faz Kelsen, uma norma fundamental), mas *per lege*.[120]

• *Princípios da legalidade e da reserva legal*: o princípio da legalidade é de abrangência mais ampla – qualquer comando jurídico deve ser proveniente de lei. O princípio da reserva legal opera de maneira diversa. Ele é concreto, incide sobre os campos materiais especificados pela Constituição. É de menor abrangência, mas exige tratamento de matéria exclusivamente pelo Legislativo, sem participação do Executivo.

O princípio da legalidade é a submissão e o respeito à lei. O da reserva legal consiste em estatuir que a regulamentação de determinadas matérias há de fazer-se necessariamente por lei formal.

---

117 Apud idem, ibidem, p. 106-7.
118 Apud idem, ibidem, p. 106.
119 Apud idem, ibidem, p. 107.
120 Apud idem, ibidem, p. 107.

Importante para a complementação deste princípio são algumas das considerações sobre "A Constituição Brasileira de 1988 e os Tratados Internacionais de Proteção dos Direitos Humanos", de Flávia Piovesan.[121]

O art. 5°, § 2°, da Constituição reza: "[...] não excluem outros decorrentes do regime e dos princípios por ela adotados, ou dos tratados internacionais em que a República Federativa do Brasil seja parte".

A Carta atribui aos direitos internacionais mais uma hierarquia especial e diferenciada – hierarquia de norma constitucional. Os direitos enunciados nos tratados de direitos humanos de que o Brasil é parte integram o elenco dos direitos constitucionalmente consagrados.

Os direitos humanos articulados com o relevante papel das organizações internacionais fornecem um enquadramento para o constitucionalismo global.

O constitucionalismo global[122] compreende, além do clássico paradigma centrado nas relações Estado-povo, na emergência de um direito internacional dos direitos humanos e na elevação da dignidade humana, o pressuposto de todos os constitucionalismos. Por isso o Poder Constituinte dos Estados e então das respectivas Constituições nacionais está cada vez mais vinculado a princípios e regras de direito internacional. A abertura do direito internacional exige a observância de princípios materiais de política e direito internacional tendencialmente informador do Direito interno. Em favor da natureza constitucional dos direitos enunciados em tratados internacionais, há o argumento da natureza materialmente constitucional dos direitos fundamentais. A Constituição assume expressamente o conteúdo constitucional dos direitos constantes dos tratados internacionais dos quais o Brasil é parte. Os direitos internacionais são expressos, enumerados e claramente

---

121 Op. cit., p. 73.
122 Idem, ibidem, p. 75.

elencados. Propõe-se uma nova classificação dos direitos previstos pela Constituição. Por ela, os direitos seriam organizados em três grupos distintos: os direitos expressos na Constituição, os direitos expressos em tratados internacionais de que o Brasil seja parte e os direitos implícitos. Se os direitos implícitos são imprecisos e subjetivos, os direitos expressos na Constituição e nos tratados internacionais compõem um universo claro e preciso de direitos.

É importante ressaltar que, se os demais tratados internacionais têm força hierárquica infraconstitucional, os direitos enumerados em tratados internacionais da proteção dos direitos humanos apresentam hierarquia de norma constitucional. A hierarquia infraconstitucional dos demais tratados internacionais vem do art. 102, III, *b*, da Constituição Federal, que confere ao Supremo Tribunal Federal a competência para julgar, mediante recurso extraordinário, as causas decididas em única ou em última instância, quando a decisão recorrida declarar a inconstitucionalidade de tratado ou lei federal.[123]

Acredita-se que conferir grau hierárquico constitucional aos tratados de direitos humanos é interpretação que se situa em absoluta consonância com a ordem constitucional de 1988. A teoria da paridade entre o tratado internacional e a legislação federal não se aplica aos tratados internacionais de direitos humanos. Tal tratamento justifica-se na medida em que os tratados internacionais de direitos humanos apresentam caráter especial, distinguindo-se dos tratados internacionais comuns. Enquanto estes buscam equilíbrio e a reciprocidade de relações entre Estados-partes, aqueles transcendem os meros compromissos recíprocos entre os Estados pactuantes. Os tratados de direitos humanos objetivam a salvaguarda dos direitos do ser humano, e não das prerrogativas dos Estados.

---

123 Idem, ibidem, p. 81.

Parte da doutrina publicista sustenta que os tratados de direitos humanos apresentam superioridade hierárquica relativamente aos demais atos internacionais, de caráter mais técnico, formando princípios – *jus cogens*. Os direitos humanos mais essenciais são parte de *jus cogens*. A hierarquia constitucional dos tratados de proteção dos direitos humanos decorre da previsão constitucional do art. 5°, § 2°. Os direitos constantes nos tratados internacionais são passíveis, em tese, de serem denunciados. Os demais direitos e garantias individuais da Constituição Federal são cláusula pétrea e não podem ser abolidos por emenda.

No estudo da Constituição brasileira e do direito internacional dos direitos humanos, busca-se responder a três questões centrais, visto que a Constituição brasileira é o marco jurídico do processo de transição democrática, assim como da institucionalização de direitos humanos no país, conforme Flávia Piovesan:[124]

1ª. Qual o impacto do processo de democratização, deflagrado no Brasil, a partir de 1985, na posição do país perante a ordem internacional? O processo de democratização implicou a reinserção do Estado brasileiro no plano da arena internacional de proteção dos direitos humanos, estimulando a ratificação de instrumentos internacionais para esse fim?

2ª. Como a Constituição brasileira de 1988 – marco jurídico do regime democrático – relaciona-se com o direito internacional dos direitos humanos? De que modo incorpora os instrumentos internacionais de proteção dos direitos humanos como os tratados adotados pela Organização das Nações Unidas e pela Organização dos Estados Americanos?

---

124 Idem, ibidem, p. 40 e seguintes.

3ª. Qual o impacto jurídico e político do sistema internacional de proteção dos direitos humanos no âmbito da sistemática constitucional brasileira de proteção de direitos? Como esse instrumental internacional pode fortalecer o regime de proteção de direitos nacionalmente previstos e o próprio mecanismo de *accountability* quando esses direitos são violados?

As respostas a essas questões, também de autoria de Flávia Piovesan, procurei resumir.

Após o longo período de 21 anos de regime militar ditatorial, que perdurou de 1964 a 1985, deflagra-se o processo de democratização no Brasil. As forças de oposição da sociedade civil se beneficiaram do processo de abertura, fortalecendo-se mediante formas de organização, mobilização e articulação que permitiram importantes conquistas sociais e políticas. A transição democrática, lenta e gradual permitiu a formação de um controle civil sobre as forças militares. Exigiu ainda a elaboração de um novo código que refizesse o pacto político social. Esse processo culminou, juridicamente, na promulgação de uma nova ordem constitucional – nascia assim a Constituição de outubro de 1988.

A Carta de 1988 institucionaliza a instauração de um regime político democrático no Brasil. Introduz também indiscutível avanço na consolidação legislativa das garantias e dos direitos fundamentais e na proteção de setores vulneráveis da sociedade brasileira.

Percebe-se que a Carta de 1988 introduz inovações extremamente significativas no plano das relações internacionais. Se, por um lado, essa Constituição reproduz tanto a antiga preocupação vivida no Império no que se refere à independência nacional e à não intervenção, como reproduz ainda os ideais republicanos voltados à defesa da paz, a Carta de 1988 inova ao realçar uma orientação internacionalista jamais vista na História constitucional brasileira. Essa orientação internacionalista se traduz nos princípios da prevalência dos direitos humanos, da autodeterminação dos povos, do repúdio ao terrorismo e ao racismo e da cooperação entre os povos para o progresso da humanidade (art. 4°, II, III, VIII e IX).

O direito internacional dos direitos humanos tem um caráter específico e especial, distinto do direito internacional público. Este visa a disciplinar relações entre Estados pactuantes; o direito internacional dos direitos humanos visa a garantir o exercício dos direitos da pessoa humana, pois tem um conteúdo materialmente constitucional.

Importante falar da Estrutura Normativa do Sistema Global de Proteção Internacional dos Direitos Humanos.

A universalização dos direitos humanos fez os Estados consentirem em submeter-se ao controle da comunidade internacional. Esse processo de universalização traz a necessidade de implementação desses direitos mediante a *International Accountability* (Sistemática Internacional de Monitoramento e Controle).

Segundo a Carta da ONU de 1945, art. 55, os Estados-partes devem promover a proteção dos direitos humanos e das liberdades fundamentais. Em 1948, a Declaração Universal definiu os direitos e as liberdades fundamentais.

Verificando a ausência de força jurídica vinculante da Declaração, discutiu-se a maneira mais eficaz de assegurar o reconhecimento e a observância universal dos direitos. A Declaração devia ser "juridicizada" por tratado internacional, que fosse obrigatório e vinculante ao direito internacional. A "juridicização" começou em 1949 e foi concluída em 1966, com dois tratados: o Pacto Internacional dos Direitos Civis e Políticos e o Pacto Internacional dos Direitos Econômicos, Sociais e Culturais. Isso simbolizou o movimento internacional dos direitos humanos. Esse sistema foi ampliado com tratados multilaterais de direitos humanos, relativos a algumas violações específicas de direitos, como o genocídio, a tortura, a discriminação racial e contra as mulheres, entre outras.

Esses tratados buscam garantir o exercício de direitos e liberdades fundamentais aos indivíduos. Os procedimentos internacionais têm natureza subsidiária, constituindo garantia adicional de proteção dos direitos humanos quando falharem as instituições nacionais.

No tocante aos direitos sociais básicos, a Constituição define princípios fundamentais, como os valores sociais do trabalho e a livre-iniciativa; estabelece objetivos fundamentais para a República, como o desenvolvimento nacional, a erradicação da pobreza e da marginalização e a redução das desigualdades sociais e regionais e, de último, em capítulo próprio, enuncia os direitos sociais, abrangendo genericamente a educação, a saúde, o trabalho, o lazer, a segurança, a previdência social, a proteção à maternidade e à infância, e a assistência aos desempregados.[125]

Os direitos sociais tipificados nos arts. 6° e 7° são aqueles em favor dos trabalhadores, entre outros, o seguro-desemprego, o fundo de garantia por tempo de serviço, o salário-mínimo, o piso salarial, o 13° salário, a participação nos lucros, a jornada semanal de 44 horas de trabalho, o repouso semanal remunerado, a licença à gestante com duração de 120 dias, a licença-paternidade, e o reconhecimento das convenções ou acordos coletivos de trabalho.

O reproduzido é observado por nossa Constituição Federal de 1988, que nos arts. 5°, *caput*, 6° e 7° premia os cidadãos desta terra assim:

> Art. 5° Todos são iguais perante a lei, sem distinção de qualquer natureza, garantindo-se aos brasileiros e estrangeiros residentes no País a inviolabilidade do direito à vida, à liberdade, à igualdade, à segurança e à propriedade [...].

---

125 BONAVIDES, Paulo. *Curso de direito constitucional*, p. 339.

Art. 6° São direitos sociais a educação, a saúde, o trabalho, a moradia, o lazer, a segurança, a previdência social, a proteção à maternidade e à infância, a assistência aos desamparados, na forma desta Constituição.

Art. 7° São direitos dos trabalhadores urbanos e rurais, além de outros que visem à melhoria de sua condição social: [...]

O art. 5° reflete os direitos humanos fundamentais individuais de primeira geração, enquanto o 6° e o 7°, os direitos humanos fundamentais de segunda geração.

Os direitos individuais elencados no art. 5° somam 77, com especial atenção ao de n. 72, concessivo do *habeas data*, pertinente ao acesso a informações, objetivando duas situações: a) para assegurar o conhecimento de informações relativas à pessoa do impetrante, constantes de registros ou bancos de dados de entidades governamentais ou de caráter público; b) para a retificação de dados, quando não se prefira fazê-lo por processo sigiloso, judicial ou administrativo. Ocorre que o instrumento do *habeas data* não teve até hoje grande utilidade, em razão de Súmula do Superior Tribunal de Justiça, do seguinte teor: "2/ STJ: Não cabe o *habeas data* (CF/88, art. 5°, LXXII, *a*) se não houve recusa de informações por parte da autoridade".

Os direitos humanos fundamentais dos trabalhadores são relacionados no art. 7°, em número de 34.

Os direitos fundamentais sociais ainda se concentram entre os arts. 8° e 11 da Constituição Federal de 1988, principalmente, e por todo o texto encontra-se complementação da maior valia.

Rica é, portanto, a nossa Constituição em matéria de direitos humanos positivados.

Várias são as positivações na Constituição brasileira no respeitante aos direitos fundamentais, bastando-nos os comentários já referidos.

Parte 2

A GLOBALIZAÇÃO

3
O fenômeno da globalização

3.1 Conceituando a globalização 107
3.2 Prós e contras da globalização 115
3.3 O capital estrangeiro e as empresas transnacionais 116
3.4 Mitos da globalização 120
3.5 A globalização em crise. 142
3.6 A globalização dos direitos humanos 150

3.1 CONCEITUANDO A GLOBALIZAÇÃO

Nilton José de Souza Ferreira[126,127] escreve sobre a globalização como processo antigo, que se iniciou no século XV com as expedições de Cristovão Colombo, as quais promoveram a separação entre o "velho" e o "novo mundo".

No século XIX, a Revolução Industrial permitiu a expansão das empresas multinacionais e dos conglomerados financeiros.

---

126 LEÃO, Adroaldo; PAMPLONA FILHO, Rodolfo (coords.). *Globalização e direito*. Inserção de: Nilton José de Souza Ferreira, sobre Globalização e o Direito Internacional, p. 210-4.
127 Nilton José de Souza Ferreira: Professor de Direito Internacional dos cursos de Direito da Unifacs e da UCSAL.

Já em 1980, os Estados desenvolvidos revelaram finanças arruinadas, em virtude dos choques do petróleo e da crise internacional na década anterior. Em razão desse esgotamento, o neoliberalismo fortaleceu-se e ganhou prestígio.

No mundo globalizado, para se auferir lucratividade, exige-se o oferecimento ao mercado de produtos baratos e que tenham, também, uma boa qualidade. Todavia, para se alcançar os aludidos patamares, mister se faz a diminuição dos custos operacionais.

No momento atual, toma força uma perspectiva forjada em antigos anseios impostos pelos costumes no pertinente ao comércio entre os povos. No mundo das ciências surgem as "relações internacionais", estudadas na sua história e, com rigor, desenvolvidas como verdadeira e importante matéria a orientar as relações entre os povos.

Quando da escolha deste tema, a denominação exata deveria ter sido "Os direitos humanos e os efeitos da globalização econômica" e não "[...] globalização", em razão da prevalência dos aspectos econômicos explorados.

Como dito, no mundo globalizado, os lucros advêm do comércio de produtos baratos, o que se obtém somente com a redução dos custos operacionais (mão de obra barata).

A perseguição dessa meta pelas empresas multinacionais, desde a década de 1960, vem provocando o esmagamento da classe pobre trabalhadora que, para se manter no emprego, sujeita-se a salários vis.

Refleti sobre o escrito por Odete Maria de Oliveira, que assim resumo:

> Os denominados antecedentes das Relações Internacionais deitam raízes em tempos longínquos, cujos marcos encontram referências nas indagações dos primeiros relacionamentos estabelecidos entre os homens e suas incipientes comunidades.

Na sequência, as Relações Internacionais perfilam em certos entrosamentos, que decorrem dos atos das guerras, das religiões e dos exercícios de comércio, motivando etapa singular de inter-relacionamentos.

Os fundamentos históricos e epistemológicos da disciplina das Relações Internacionais localizam-se junto às ciências mais antigas, que desempenhavam, de certo modo, maiores ou menores influências no surgir mesmo da disciplina como saber autônomo, ademais do Direito Internacional, História dos Tratados e História da Diplomacia.[128]

Uma das características fundamentais das Organizações Internacionais encontra-se em sua autonomia jurídica – personalidade jurídica –, a qual distingue tais coletividades dos Estados-membros e de outros organismos internacionais, ademais de reconhecer-lhes capacidade de direitos e de obrigações ao lado de outros sujeitos de Direito Internacional, como os Estados Soberanos.[129]

As inovações tecnológicas permitiram às grandes corporações a utilização de estratégias que englobam a análise do processo produtivo e a sua distribuição em escala mundial. Os fluxos econômicos tornam-se intensos, posto que o produto fabricado passa a ser comercializado em diversos locais do mundo. A divisão internacional do trabalho fica invertida, porquanto difícil é identificar o lugar onde o produto, então comercializado, foi fabricado.

Com essas preliminares, indago, a mim mesmo, sobre qual seria a natureza jurídica da globalização fosse ela institucionalizada pelo direito?

Nesta obra, fosse o autor brindado com o atendimento das suas propugnações, considerando a prática da globalização exercida, fundamentalmente, pelos países do "Primeiro Mundo", seja pela instala-

---

128 OLIVEIRA, Odete Maria de. *Relações internacionais*: estudos de introdução, p. 27-38.
129 Idem, ibidem, p. 225.

ção das multinacionais, em busca da produção mais barata, seja por meio dos negócios financeiros, representados pelos financiamentos aos países chamados periféricos, a natureza jurídica seria de direito internacional, vez que a sua regulação haveria de ser por meio de tratados internacionais.

Resumo o posicionamento de David Held e Anthony McGrew a respeito dos conceitos de globalização, tema intenso de debate intelectual e popular:

> A tentativa de compreender esse debate apresenta dificuldades consideráveis, de vez que não existem linhas de contestação definitivas ou fixas. Ao contrário, há uma coexistência de conversas múltiplas (embora sejam poucos os diálogos verdadeiros) que, em conjunto, não proporcionam de imediato uma caracterização coerente ou simples.
>
> Assim, não existe uma definição única e universalmente aceita para a globalização. Como acontece com todos os conceitos nucleares das ciências sociais, seu sentido exato é contestável.
>
> A globalização tem um aspecto inegavelmente material, na medida em que é possível identificar, por exemplo, fluxos de comércio, capital e pessoas em todo o globo. Tais fluxos são facilitados por tipos diferentes de infraestrutura – física (como os transportes ou os sistemas bancários), normativa (como as regras de comércio) e simbólica (a exemplo do inglês usado como língua franca) – que criam as precondições para formas regularizadas e relativamente duradouras de interligação global. Em vez de falar de contratos ao acaso, a globalização se refere a esses padrões arraigados e duradouros de interligação mundial. Mas o conceito de globalização denota muito mais do que a ampliação de relações e atividades sociais atravessando regiões e fronteiras. É que ele sugere uma magnitude

ou intensidade crescente de fluxos globais, de tal monta que Estados e sociedades ficam cada vez mais enredados em sistemas mundiais e redes de interação. Em consequência disso, ocorrências e fenômenos distantes podem passar a ter sérios impactos internos, enquanto os acontecimentos locais podem gerar repercussões globais de peso. Em outras palavras, a globalização representa uma mudança significativa no alcance espacial da ação e da organização sociais, que passa para uma escala inter-regional ou intercontinental. Isso não significa que, necessariamente, a ordem global suplante ou tenha precedência sobre as ordens locais, nacionais ou regionais da vida social.[130]

Nessa abordagem que fazem os autores, conclui-se por difícil uma conceituação didática para a globalização.

Porém, para este autor, e por enquanto, o pensamento de globalização, no sentido como estudado nesta obra, envolve o entendimento da interpolação dos interesses gerais de todos os países do mundo, compreendido aqui o intercâmbio geral econômico, financeiro, cambial, comercial, social, diplomático e de integração cultural e científica dos povos.

Regina A. Duarte, em escrito sobre globalização, dá seu conceito, que reproduzo:

A globalização, diante do vocábulo global, que significa por inteiro ou em conjunto, pode ser considerada como a facilidade de transporte e de comunicação resultantes dos avanços tecnológicos, a qual reduz a distância entre pessoas proporcionando uma melhoria nas relações comerciais.

---

130 HELD, David; McGREW, Anthony. *Prós e contras da globalização*, p. 8-13.

Dependendo da relação que as pessoas tenham com a própria vida, com o meio social e político e com o trabalho, a globalização pode ser definida de diversas formas.

A globalização pode ser entendida, conforme Dallegrave Neto, como "a perpetuação do sistema capitalista para a unificação de todos os mercados do mundo, sob a articulação de empresas e corporações transnacionais, em detrimento da soberania dos Estados nacionais". Ou ser definida, simplesmente, como as relações comerciais de produção e das finanças em escala mundial. [131]

O entendimento é meramente econômico quando se refere a mercados e relações comerciais de produção e das finanças, cabendo evidência aos termos "detrimento da soberania dos Estados nacionais", a partir dos quais, compreendidos em uma interpretação ampla, poderíamos afirmar que, se a globalização tiver apenas o sentido econômico ou comercial, verdadeiramente, a soberania do Estado sucumbirá.

De bem se falar sobre o significado da soberania, começando com a reprodução do art. 1° da Constituição brasileira de 1988:

> Art. 1° A República Federativa do Brasil, formada pela união indissolúvel dos Estados e Municípios e do Distrito Federal, constitui-se em Estado democrático de direito e tem como fundamentos:
> I – a soberania;
> II – a cidadania;
> III – a dignidade da pessoa humana;
> IV – os valores sociais do trabalho e da livre-iniciativa;
> V – o pluralismo político.

---

131 "Os impactos da globalização nas relações de trabalho". In: *Revista dos Advogados*, ano XXII, n. 66, junho de 2002.

A soberania aparece como primeiro dentre outros fundamentos do Estado Democrático de Direito brasileiro. Importância maior a se preservar não há. Qualquer abalo na soberania significará a derrocada da democracia.

A globalização deveria abranger, além de seu aspecto histórico, o cultural e o ético. A globalização cultural relaciona-se com a História da própria humanidade, incluindo assim seus bens, capitais, seu conhecimento, suas imagens, crenças e, por que não, pessoas. Pelo aspecto ético, a economia deveria garantir condições dignas ao ser humano.

Anthony Giddens nos traz uma agradável historinha sobre globalização, que vale a pena transcrever:

> Uma amiga minha estuda a vida aldeã na África central. Alguns anos atrás, ela fez sua primeira visita à área remota onde devia realizar seu trabalho de campo. No dia em que chegou, foi convidada para um divertimento noturno numa casa do lugar. Esperava travar conhecimento com os passatempos tradicionais daquela comunidade. Em vez disso, constatou que se tratava de assistir a *Instinto Selvagem* em vídeo. Naquela época, o filme tinha chegado aos cinemas de Londres.

Histórias como esta revelam alguma coisa sobre o nosso mundo. E o que revelam não é sem importância. Não é apenas uma questão de pessoas acrescentando uma parafernália moderna – vídeos, aparelhos de televisão, computadores pessoais e assim por diante – a seus modos de vida preexistentes. Vivemos num mundo de transformações, que afetam quase todos os aspectos do que fazemos. Para bem ou para mal, estamos sendo impelidos rumo a uma ordem global que ninguém compreende plenamente, mas cujos efeitos se fazem sentir sobre todos nós.

Globalização pode não ser uma palavra particularmente atraente ou elegante. Mas absolutamente ninguém que queira compreender nossas perspectivas no final do século pode ignorá-la. Viajo muito para falar no exterior. Não estive em um único país recentemente em que a globalização não esteja sendo intensamente discutida. Na França, a palavra é *mondializaton*. Na Espanha e na América Latina, *globalización*. Os alemães dizem *Globalisierung*.

A difusão global do termo é indicadora dos próprios desenvolvimentos a que ele se refere. Todo guru dos negócios fala sobre ele. No entanto, até o final da década de 1980 o termo quase não era usado, seja na literatura acadêmica ou na linguagem cotidiana. Surgiu de lugar nenhum para estar em quase toda parte.

Dada sua súbita popularidade, não nos deveria surpreender que o significado do conceito nem sempre seja claro, ou que ele tenha provocado uma reação intelectual. A globalização tem algo a ver com a tese de que agora vivemos todos num único mundo – mas exatamente de que maneira é essa ideia realmente válida? Diferentes pensadores adotaram opiniões quase diametralmente opostas sobre a globalização em debates que pipocaram ao longo dos últimos anos. Alguns questionam tudo o que se refere a ela. Eu os chamarei de céticos.

Segundo os céticos, toda a conversa em torno da globalização não passa disso – é mera conversa. Sejam quais forem seus benefícios, seus percalços e tribulações, a economia global não é especialmente diferente da que existiu em períodos anteriores. O mundo continua muito parecido com o que foi por muitos anos. [132]

---

[132] *Mundo em descontrole*: o que a globalização está fazendo de nós, p. 17-8.

3.2 PRÓS E CONTRAS DA GLOBALIZAÇÃO

Com a já avançada existência da globalização (reconhecida como presente no mundo há pelo menos 25 anos), autores, professores e articulistas econômicos ou sociais ainda conflitam suas ideias a favor ou contra ela.

A propósito, após traduzi-los, sumarizei num só texto dois relatórios publicados pelo Council on Foreign Relations.[133] O primeiro, datado de janeiro/fevereiro de 2002, de autoria de David Dollar e Aart Kraay, argumenta que o processo de globalização não está ligado ao aumento da desigualdade econômica entre os países ou dentro de um país. O segundo, datado de julho/agosto de 2002, de autoria de James K. Galbraith, argumenta, ao contrário, que a globalização tem afetado essa desigualdade.

Dollar e Kraay, essencialmente, afirmam que dados sobre o aumento da inequalidade (que ocorreu em alguns países como a China) não podem ser correlacionados à adoção ou não dos princípios de globalização. Eles dizem que esse aumento da desigualdade está mais relacionado a políticas domésticas educacionais, fiscais e sociais do que ao processo de globalização. Afirmam ainda que, embora possa também não ter ajudado na diminuição da desigualdade, a globalização com certeza melhorou a vida dos mais pobres. Essa melhoria seria consequência de, segundo os dados levantados por Dollar e Kraay, aumento maior da renda *per capita* nos países que participam da globalização. Segundo esses dados, enquanto entre 1960 e 1990 os países em desenvolvimento que adotaram a globalização tiveram crescimento *per capita* de 1 a 5%, os países que não adotaram a globalização cresceram a uma taxa de 1% na década de 1990. Países desenvolvidos, na mesma época, cresceram a uma taxa de 2%.

---

133 *Foreign Affairs*. Extraído da internet em 10.11.2003.

Galbraith considera equivocado o diagnóstico de Dollar e Kraay. Em primeiro lugar, acha estranha a citação de China e Índia como sucessos de globalização, uma vez que o crescimento da Índia deveu-se ao controle de capitais e políticas de desenvolvimento de longo prazo, que isolou esse país da crise da dívida ocorrida na América Latina. Já a China cresceu sob a força de reformas agrícolas e um programa de industrialização financiado, principalmente, pela poupança interna. Dollar e Kraay não citam em seu artigo exemplos dos reais globalizantes, como a Argentina e a Rússia. Galbraith afirma ainda que o crescimento mundial foi maior dentro do regime financeiro internacional estruturado de Bretton Woods (entre 1945 e 1971) do que na era de desregulamentação (após 1980).

Galbraith questiona, ainda, a fonte dos dados utilizados por Dollar e Kraay, ou seja, o conjunto de dados de desigualdade do World Bank. Galbraith considera essa fonte de dados implausível e cheia de falhas. Usando dados das Nações Unidas, Galbraith mostra um claro e severo crescimento da diferença de salários industriais, que ele considera real medida de desigualdade. Esses dados indicam que aumento de desigualdade é a regra desde 1980, com algumas poucas exceções (Escandinávia e Sudoeste Asiático até 1997). As forças da globalização, como taxas de juros elevadas, crises de dívidas e choques de liberalização, estão associadas às maiores diferenças entre salários industriais. E se as diferenças entre salários industriais estão aumentando, é bastante provável que as desigualdades sociais e econômicas também estejam se agravando, afirma Galbraith.

3.3 O CAPITAL ESTRANGEIRO E AS EMPRESAS TRANSNACIONAIS

A Lei n. 4.131/62 deu início à regulamentação dos investimentos estrangeiros no Brasil. É verdadeiro Estatuto do Investimento Internacional no Brasil, conceituando capital estrangeiro em seu art. 1° como sendo:

> [...] os bens, máquinas e equipamentos, entrados no Brasil sem dispêndio inicial de divisas, destinados à produção de bens ou serviços, bem como os recursos financeiros ou monetários introduzidos no país, para aplicação em atividades econômicas desde que, em ambas as hipóteses pertençam a pessoas físicas ou jurídicas residentes, domiciliadas ou com sede no exterior.

Eduardo Teixeira Silveira conceitua capital estrangeiro como sendo:

> [...] o investimento de riqueza efetivo e desvinculado, com interesse de permanência, oriundo do exterior e de propriedade de pessoa não residente que tenha como finalidade a produção de bens ou serviços.[134]

Ressaltam-se, com base na definição anterior, algumas características essenciais para a caracterização do investimento como estrangeiro: i) a propriedade deve ser de não residente no país; ii) há de ter uma destinação econômica, vinculada à produção de riqueza; iii) possuir intenção de permanência; iv) seu ingresso deve ser efetivo (salvo no reinvestimento); e v) desvinculado, sem contrapartida de pagamento.

A Lei mencionada regula, com exclusividade, as transações internacionais de capital, com empresas da iniciativa privada, sem considerar os grandes empréstimos das entidades financeiras aos Estados.

As transnacionais, embora exista o mito de que são empresas de vários países, possuem um centro empresarial fixo, que normalmente se encontra instalado em grandes conglomerados políticos e econômicos.

---

134 *A disciplina jurídica do investimento estrangeiro no Brasil e no direito internacional*, p. 34.

Nilton José de Souza Ferreira afirma que:

> [...] alguns estudiosos creem que, nos próximos anos, existirá forte carterização de mercados, com o total domínio dos grandes oligopólios internacionais sobre todos os setores vitais, finalizando a competitividade e centralizando o poder econômico na mão de alguns grupos.[135]

Da obra *Relações internacionais:* estudos de introdução, de Odete Maria de Oliveira,[136] resumimos "Universalização das empresas transnacionais".

A Segunda Guerra Mundial teve reflexos políticos e principalmente econômicos junto à sociedade internacional. Um exemplo é a decisão tomada em Bretton Woods de estabilizar os tipos de câmbio e liberalizar os fluxos financeiros internacionais por meio da vinculação do dólar e da libra esterlina ao ouro. Por outro lado, o Acordo Geral sobre Tarifas e Comércio (GATT), de 1947, prestou-se à liberalização do comércio.

Os Estados Unidos, que saíram fortalecidos do conflito mundial, partem com as suas filiais para os países da Ásia, África e da América Latina, consagrando a hegemonia das empresas transnacionais norte-americanas.

A partir dos anos 1960, as transnacionais ampliam as suas atividades, dirigindo-as também ao setor de serviços (bancos, seguradoras e comércio).

A universalização das empresas transnacionais provocou o deslocamento do processo industrial, principalmente dos países do norte para os do sul, e atingiu prioritariamente indústrias de mão de obra de nível tecnologicamente baixo.

---

135 Apud LEÃO, Adroaldo; PAMPLONA FILHO, Rodolfo. *Globalização e direito*, p. 211.
136 OLIVEIRA, Odete Maria de. Relações internacionais: estudos de introdução, p. 273.

Do ponto de vista econômico, as empresas transnacionais marcam o desenvolvimento do capitalismo. Movidas pela política do máximo lucro e menor custo, são um poderoso agente de transformação de estruturas econômicas, sociais e políticas. Criando novos modelos de produção e nova divisão do trabalho em escala mundial, tendem para a formação de monopólios e oligopólios.

As atividades de maior lucro a menor custo das empresas transnacionais têm contribuído para modificar o processo de divisão do trabalho e da especialização tecnológica e produtiva. Isso aumenta a interdependência entre os países e potencializa o desenvolvimento desigual, pois o desenvolvimento da economia dos países sede de transnacionais transcorre às custas do atraso e subdesenvolvimento da maioria dos países onde estas implantam as suas filiais. O interesse das transnacionais não consiste em acabar com os Estados e suas instituições, mas "mantê-los fragilizados, servis, domesticados sob seus domínios econômicos da mais-valia".[137]

As transnacionais travam uma guerra implacável e contínua na disputa do mercado mundial. Primeiro almejam a conquista, depois a manutenção do *status quo*. A guerra global é motivada, na realidade, pela divisão das riquezas do planeta entre as poderosas corporações.

Um alto nível de vida somente é atingido por países que dominam as tecnologias de produção mais avançadas. Um país de Terceiro Mundo (ex., México e Brasil), que fabrica mercadorias da chamada Segunda Revolução Industrial, tem de contentar-se com baixos salários. Os "ótimos salários" somente podem resultar de produtos como informática, biotecnologia, tecnologia espacial, novas energias e novos materiais, ou seja, produtos da Terceira Revolução Industrial.

---

137 Idem, ibidem, p.273.

As empresas transnacionais são instrumentos da globalização. Causam impactos nas estruturas sociais, políticas e culturais dos Estados onde operam, normalmente países em desenvolvimento, que têm estruturas sociais fragmentadas, sistemas políticos instáveis e padrões culturais pouco avançados.

A instalação de empresas transnacionais nesses países só piora esse quadro de fragmentação e de antagonismos sociais, políticos e culturais, pois elas visam tão somente a explorar as suas unidades industriais e agrícolas locais e absorver ao máximo os benefícios socioeconômicos. Assim, acabam por afetar os setores públicos e de administração, provocando amplas mudanças nos comportamentos dos indivíduos nos seus padrões culturais e existenciais. Enfim, "afetando negativamente a evolução das sociedades nacionais e de seus países em desenvolvimento".[138]

3.4 MITOS DA GLOBALIZAÇÃO

Há posições de que a globalização não existe, é mito.

Apesar de discordar dessa afirmação, esta obra não estaria completa se omitisse as ideias daqueles que, por razões pessoais, não aceitam a existência da globalização. Alguns poucos convergem, até com argumentação sólida, por entender a globalização como mito, ou invenção dos governos fracos, como justificativa para os sucessivos fracassos. Não é minha essa convicção. Para mim, sem considerar muito as atividades das empresas industriais multinacionais – que, afinal, geram riquezas e empregos –, o intervencionismo claro das instituições financeiras internacionais (FMI e Banco Mundial) em nossa política econômica é o que sufoca as finanças do Estado.

---

138 Idem, ibidem, p. 277.

Defende a hipótese do mito, o escrito de Paulo Nogueira Batista Jr. sobre o tema, publicado na *Revista da USP – Estudos Avançados* n. 32, a seguir reproduzido em retalhos.[139]

A. Introdução

É necessário frisar que existe uma carga de fantasia e mitologia construída em torno do termo *globalização*. O próprio termo é enganoso e só deveria ser utilizado entre aspas, a fim de marcar distanciamento e ironia. O processo de internacionalização não é nem tão abrangente, nem tão novo quanto sugerem os defensores da "globalização", não possuindo, inclusive, caráter inexorável e irreversível como lhe têm atribuído muitos de seus defensores.

Um dos efeitos práticos da mitologia da "globalização", diante da ideia de submissão a forças econômicas globais incontroláveis, é paralisar as iniciativas, fazendo com que as políticas nacionais se curvem aos imperativos da nova economia global. Como observam Paul Hirst e Grahame Thompson, qualquer desvio em relação aos supostos consensos da "globalização" é imediatamente tachado como inviável em face do julgamento e das sanções dos mercados internacionais, vistos como todos-poderosos.[139]

A globalização tem sido utilizada por governos fracos e omissos como desculpa para sua isenção na responsabilidade pelos fatos negativos que assolam os países. É o que vem ocorrendo no Brasil.

Em suma, problemas como o desemprego e o subemprego, a desnacionalização da economia e a dependência de capitais externos,

---

139 BATISTA JR., Paulo Nogueira. "Mitos da globalização". Disponível em: http://www.scielo.br/pdf/ea/v12n32a12.pdf. Acessado em 24/09/2010.

longe de constituírem a consequência irrecorrível de um processo global, resultam essencialmente de políticas adotadas no âmbito nacional, convenientemente dissimuladas pelo apelo à retórica da "globalização".[140]

A minha opinião é contraposta à do autor, em razão de que, em minha ótica, a justificativa da carência de recursos do Estado está na eterna necessidade do pagamento dos serviços da dívida externa. Obviamente a economia se movimenta em círculo: consumo, comércio e indústria. Assim, sem emprego não se ganha, não se consome, definha o comércio, acabam as indústrias.

A falta constante de investimento, seja em obras do governo, seja em obras particulares, seja nas expansões industriais, ocasiona o desemprego. O subemprego é o resultado das atividades informais, não devendo ser considerado.

B. Falsas novidades da "globalização"

Prevalece a impressão de que o processo de internacionalização das últimas duas ou três décadas constitui fenômeno inédito. A ilusão, em regra, decorre do fato de que a integração alcançada no passado recente é realmente muito significativa quando comparada ao baixo grau de abertura das economias logo após a Segunda Guerra Mundial.

Do ponto de vista histórico, o termo "globalização" remete à expansão da civilização europeia a partir do final do século XV. Caberia até mesmo indagar se a chamada "globalização" não seria nada menos que a continuação da colonização por meios diversos daqueles utilizados pelos primeiros colonizadores.

---

140 Idem, ibidem, p. 129.

É inegável que o grau de internacionalização econômica observado nas últimas duas ou três décadas tem precedentes históricos. Podemos citar como exemplos destes: as Guerras Mundiais, a Grande Depressão, a adoção do planejamento centralizado em boa parte do planeta, o nacionalismo e o protecionismo.

> A ilusão de que estamos experimentando um processo inteiramente inédito de internacionalização se deve, em parte, ao fato de que a integração internacional recente é, de fato, significativa quando comparada ao baixo grau de abertura das economias logo após a Segunda Guerra.[141]

A globalização inaugura nova etapa na História econômica mundial; constitui processo irreversível que conduziu a uma integração sem precedentes das economias nacionais.

C. Fronteiras da "globalização"

A "globalização", além de não ser um fenômeno inteiramente novo, não alcançou nos últimos vinte ou trinta anos o grau de desenvolvimento que pretendia, visto que, apesar da rápida expansão das transações econômicas internacionais, os mercados internos continuam preponderantes, sobretudo nas economias maiores. Mesmo no âmbito financeiro, a internacionalização dos mercados ainda pode ser considerada relativamente limitada, uma vez que grande parte dos crescentes fluxos internacionais é constituída de capitais voláteis, que se movem com rapidez em resposta a mudanças nas condições financeiras e cambiais.

---

141 Idem, ibidem, p. 180.

Alguns autores afirmam que temos hoje uma economia internacional, caracterizada fundamentalmente por processos de intercâmbio entre economias nacionais distintas, e não uma economia global, caracterizada pelo alto grau de integração dos mercados e pelo predomínio das atividades transnacionais.

Contudo, não existe um fundamento sólido para as alegações de que teria surgido, nos últimos vinte ou trinta anos, uma economia global, fortemente integrada, na qual os Estados nacionais estariam se tornando obsoletos e impotentes.

A maior parte da produção mundial de bens e serviços consiste na produção voltada para os mercados internos, salvo nos casos de países pequenos, cuja participação do Produto Interno Bruto (PIB) no comércio exterior é limitada.

> Esses coeficientes relativamente baixos de abertura refletem, em parte, o fato de que, nos países desenvolvidos, uma parcela crescente do PIB consiste de serviços, grande parte dos quais são *non-tradeables*, isto é, não transacionáveis internacionalmente. O grau de abertura é maior quando o comércio de mercadorias é comparado à produção de mercadorias transacionáveis internacionalmente.[142]

Quanto aos mercados de trabalho, o quadro geral é de introversão. Nas décadas de 1950 e 1960 houve um montante limitado de migração internacional de trabalhadores dos países em desenvolvimento para os países desenvolvidos, em razão da escassez de mão de obra nos Estados atingidos pelas Guerras Mundiais. Já a partir da década de 1970, a migração internacional foi severamente limitada por leis draconianas de imigração e práticas consulares restritivas.[143]

---

142 Idem, ibidem, p. 129.
143 Idem, ibidem, p. 138.

No que se refere a investimentos diretos, o quadro geral também é de amplo predomínio dos fluxos internos e da dimensão nacional.

> [...] na imensa maioria das economias a ampliação do estoque de capital se realiza preponderantemente com base em decisões nacionais de investimento. Por esses e outros motivos, a dinâmica macroeconômica continua a refletir fundamentalmente o que se passa dentro das fronteiras nacionais. Tendo em vista o grau ainda relativamente limitado de integração internacional, sobretudo nas economias de maior porte, não é de surpreender que as flutuações cíclicas do nível de emprego e da atividade econômica não estejam sincronizadas.[144]

A tese de que o desemprego é um fenômeno mundial, produto da globalização, não encontra respaldo em dados concretos. As estatísticas dos países desenvolvidos, mesmo quando padronizados, demonstram enormes diferenças em termos de taxas de desemprego aberto.

> No mundo desenvolvido, o desemprego em massa é, essencialmente, um problema da Europa continental, decorrente em grande medida da rigidez arbitrária dos critérios de convergência estabelecidos, por insistência da Alemanha, no Tratado de Maastricht.[145]

O desemprego no mercado de trabalho reflete os processos que ocorrem em âmbito nacional e continua a depender da evolução da economia doméstica e da eficácia das políticas econômicas e sociais.

A Organização Internacional do Trabalho (OIT) ressalta, no seu relatório de 1996, não ser verdade que a "globalização"

---

144 Idem, ibidem, p. 142.
145 Idem, ibidem, p. 145.

[...] seja uma força supranacional irresistível que tenha usurpado, em grande medida, a autonomia dos governos. As políticas nacionais ainda são a influência dominante nos resultados em termos econômicos e de mercado de trabalho.[146]

D. Distribuição geográfica do comércio e dos movimentos de capital

No campo financeiro, a distribuição geográfica também é desigual. Os países desenvolvidos respondem pela maior parte do valor líquido da emissão internacional de títulos e empréstimos internacionais sindicalizados, ao passo que os países em desenvolvimento participam em proporção bem menor.

Nas últimas duas ou três décadas, a "globalização" produziu um sistema econômico fortemente integrado, de caráter supranacional, que tende inexoravelmente a unificar o mercado mundial, a dissolver as fronteiras nacionais e a reduzir a relevância dos mercados domésticos.[147]

O processo de internacionalização observado nas últimas décadas não tem o alcance nem o caráter universal sugerido pelo uso indiscriminado do termo "globalização". Esse processo não possui meios suficientes para ocasionar o desaparecimento das fronteiras ou abalar a sobrevivência do Estado nacional a ponto de ameaçar a sua existência.

Segundo Batista Jr., embora o progresso técnico e as inovações em áreas como informática, telecomunicações e finanças, combinados com a liberação de mercados e a remoção de restrições a operações internacionais, venham contribuindo para a maior integração das eco-

---

146 Idem, ibidem, p. 146.
147 Idem, ibidem, p. 180.

nomias nacionais, os mercados internos continuam a preponderar na absorção da produção, na geração de empregos e no financiamento dos investimentos.

Os dados sobre a distribuição geográfica dos fluxos de comércio internacional e dos movimentos de capital também não confirmam a propagada imagem de uma economia "global" ou de um mercado mundial unificado.[148]

Além do mais, os mercados de trabalho permanecem altamente segmentados por políticas restritivas de imigração e outros obstáculos à movimentação internacional de trabalhadores.[149]

Por tais motivos,

é preferível utilizar os termos "economia internacional" ou "internacionalização econômica", mais compatíveis com um quadro mundial caracterizado, fundamentalmente, pelo intercâmbio entre economias nacionais distintas.[150]

E. O mito do declínio do Estado

A ideologia da "globalização" é especialmente enganosa quando associada à ideia de que está em curso na economia mundial um declínio do Estado e das suas possibilidades de intervenção nos domínios econômico e social.[151]

---

148 Idem, ibidem, p. 181.
149 Idem, ibidem, p. 136.
150 Idem, ibidem, p. 181.
151 Idem, ibidem, p. 154.

Doutrinariamente, as décadas de 1970 e 1980 foram marcadas por movimentos repressivos, que visavam a restauração do ideário econômico do século XIX, e pelo predomínio do pensamento econômico que reserva ao Estado um campo bastante limitado de funções. Essa concepção representava o retorno ao *État gendarme*, pregado pelos liberais do século XIX; por essa concepção, o Estado deveria atuar fundamentalmente na definição e proteção dos direitos de propriedade e do sistema de leis e contratos, na garantia da segurança interna e externa do país e na defesa da estabilidade do padrão monetário.

Não há porque denominar essa corrente doutrinária de neoliberalista, porque ela não confere novidade a um fenômeno que representa uma volta ao passado e não incorpora nada de novo ao velho liberalismo. O mais adequado seria denominar essa concepção de "paleoliberalista".

> Seja como for, mais importante do que questionar o rótulo é notar que o "neoliberalismo", apesar do seu aparente triunfo, tem pouca correspondência com a atuação concreta do Estado nos países desenvolvidos.[152]
>
> [...] o "neoliberalismo" representou uma reação ao predomínio do keynesianismo e de variantes da social-democracia nos países desenvolvidos nas décadas que se seguiram à Segunda Guerra Mundial.[153]

Contra essa tendência, insurgiram-se pensadores como Hayek e Friedman, que alertavam para os riscos econômicos e políticos da crescente intervenção do Estado e pregavam a restauração do ideário pré-keynesiano.

---

152 Idem, ibidem, p. 155.
153 Idem, ibidem, p. 155.

Todavia, essa ofensiva "neoliberal", ou "paleoliberal", não chegou a modificar de forma substancial e duradoura a dimensão do Estado na grande maioria dos países desenvolvidos, nem mesmo interrompeu a tendência de aumento do peso do governo, medido por indicadores agregados, como a relação entre a despesa e a receita pública e o PIB.[154]

Assim, o "neoliberalismo", embora defendido pela grande massa dos economistas, não impera. A julgar pelos dados macroeconômicos, presentes na grande maioria dos países desenvolvidos, o máximo que se alcançou foi provocar uma desaceleração no ritmo de crescimento da participação do Estado na economia.

O aumento da participação do Estado nas economias desenvolvidas nas últimas décadas representou a continuação de uma tendência que remete ao início do século. No campo econômico, sobretudo depois da Segunda Guerra, predominaram políticas macroeconômicas do tipo keynesiana. No campo social, construiu-se uma ampla rede de proteção social chamada de Estado de Bem-Estar.

> O que vem acontecendo desde os anos 70 é uma tentativa, até agora não muito bem-sucedida, de reverter essa tendência. Busca-se fazer recuar a ação estabilizadora e reguladora do Estado, restaurar a era pré-keynesiana e reduzir o escopo das políticas sociais. O chamado neoliberalismo é uma revolta contra o século XX.[155]
>
> Em consequência da "globalização" e do predomínio das políticas "neoliberais", os Estados nacionais entraram em processo de inevitável declínio e estão sendo compelidos a reduzir a sua presença na economia.[156]

---

154 Idem, ibidem, p. 156.
155 Idem, ibidem, p. 162-3.
156 Idem, ibidem, p. 181.

F. O mito da empresa "transnacional"

Uma outra face do mito do declínio do Estado é a ascensão de corporações "globais", entidades tidas como livres de lealdades nacionais e apontadas como os principais agentes de uma avassaladora transformação da economia mundial.[157]

> As corporações industriais e financeiras dos países desenvolvidos, e mesmo de países em desenvolvimento, ampliaram ao longo desses anos as suas atividades no exterior e mantêm uma parte dos seus ativos fora do seu país de origem.[158]

Mesmo as grandes empresas, que tendem a ser mais internacionalizadas do que as pequenas e médias, permanecem marcadas por sua origem nacional. Corporações verdadeiramente transnacionais são raras, especialmente nas economias de maior porte.

A própria expressão "empresa transnacional" é enganosa, na medida em que o seu conceito não é aplicável, já que não pode ser utilizado para designar entidades que transcendem as nações e operam desvinculadas de suas origens nacionais.[159]

A grande maioria das firmas mantêm a maior parte dos seus ativos, empregados e das suas decisões estratégicas na sua base nacional.[160]

Destarte, as corporações devem ser caracterizadas como firmas nacionais com operações internacionais, que não se desligam dos países onde têm origem. As empresas transnacionais ou multinacionais precisam do seu Estado nacional para contarem com abrigo político e prote-

---

157 Idem, ibidem, p. 163.
158 Idem, ibidem, p. 163.
159 Idem, ibidem, p. 163.
160 Idem, ibidem, p. 164.

ção jurídica para as suas atividades nos mercados domésticos e internacionais.[161]

A postura das grandes empresas se caracteriza pela ambivalência. De um lado constituem o fundamento da ideologia da globalização. Valem-se dessa posição para criar um clima propício à remoção de barreiras contra sua ação internacional. De outro lado, pressionam os governos dos seus países de origem para obter apoio econômico em suas operações no exterior.[162]

G. A dimensão financeira do processo de internacionalização

A expansão das transações financeiras internacionais criou um mercado "global" de capital extraordinariamente poderoso, diante do qual a autonomia das políticas nacionais e dos bancos centrais, mesmo nos países de mais peso, tende a desaparecer.[163]

A dimensão financeira é considerada aspecto decisivo no processo de internacionalização, visto que é nesse terreno que as transações internacionais vêm ocorrendo.[164]

Até os anos 1960, os países desenvolvidos mantiveram controles relativamente rigorosos sobre os movimentos internacionais de capital. No início da década de 1970, teve início um processo gradual de liberação, que se estendeu por mais 20 anos.[165]

---

161 Idem, ibidem, p. 164.
162 Idem, ibidem, p. 164.
163 Idem, ibidem, p. 182.
164 Idem, ibidem, p. 167.
165 Idem, ibidem, p. 169.

Todavia, mesmo no campo financeiro, a internacionalização é bem mais limitada do que sugere o uso contínuo das expressões "globalização financeira" ou "mundialização do capital financeiro". Conforme determina o FMI, o grau de integração dos mercados de capital é muito mais limitado do que parecem sugerir os fluxos brutos. Os movimentos líquidos de capital não apresentam o mesmo crescimento explosivo e são modestos quando comparados ao PIB ou aos níveis registrados durante o auge do padrão-ouro, antes de 1914.[166]

Os dados disponíveis não dão sustentação à tese de que estaria havendo um forte processo de internacionalização, o qual pudesse justificar o uso de termos como "globalização financeira". O documento apresentado pelo FMI em 1996 demonstra que, embora tenha ocorrido alguma diversificação internacional em determinados setores, o comportamento dos investidores institucionais dos fundos de pensão e das companhias de seguro continua marcado por um forte declive em favor dos mercados nacionais.[167]

Determina ainda esse documento que os mercados financeiros tornaram-se crescentemente integrados, mas estão longe de formar um único mercado global.

> Assim, quando se considera a introversão dos investidores institucionais dos países desenvolvidos e o peso dos mercados financeiros domésticos em comparação com os internacionais, fica claro que é prematuro admitir a existência de um mercado global de capitais.[168]

---

166 Idem, ibidem, p. 170.
167 Idem, ibidem, p. 170-1.
168 Idem, ibidem, p. 173.

Embora marcadas por vulgaridades e simplificações, as discussões sobre a "globalização" da economia adquiriram uma importância estratégica. Esse debate tem tido efeitos predominantemente negativos. Por um lado, camufla a responsabilidade dos governos quanto às suas opções e decisões. Por outro, inibe a reflexão sobre as alternativas de que dispõem os países na definição de suas políticas econômicas, sociais e de inserção internacional, contribuindo para imobilizar as iniciativas nacionais.[169]

Em países como o Brasil, que possuem ainda um vínculo com o seu passado colonial, debates com esse teor são sempre problemáticos, visto que seus governantes intitulam-se prepostos dos interesses internacionais dominantes, colaborando para uma integração subordinada à economia internacional. Nesse contexto, a globalização funciona como uma espécie de álibi para algumas posições tradicionais das elites locais.[170]

Um dos principais efeitos do debate sobre a globalização tem sido o de propagar a impressão de que a margem de manobra dos Estados nacionais, especialmente quanto aos Estados pertencentes aos países subdesenvolvidos, sofreu dramático estreitamento nas últimas décadas.[171]

> Segundo as versões mais extravagantes da ideologia da "globalização", os Estados nacionais estariam indefesos diante de processos globais incontroláveis ou irreversíveis e teriam ingressado em uma época de inevitável declínio.[172]

---

169 Idem, ibidem, p. 179.
170 Idem, ibidem, p. 179.
171 Idem, ibidem, p. 179.
172 Idem, ibidem, p. 179.

Todavia, essas avaliações encontram-se carregadas de exageros e mitos. Apoiam-se, em regra, em preconceitos e impressões superficiais, e não num exame cuidadoso dos dados macroeconômicos internacionais.[173]

Continuando a tese do "mito da globalização", escrita por Paulo Nogueira Batista Jr., trago, por necessário, outro horizonte sobre os mitos da globalização, que são estudados na obra de John Micklethwait e Adrian Wooldridge, *O futuro perfeito*,[174] retratados daqui em diante sob os títulos: "*h)* O tamanho sempre leva a melhor"; "*i)* O triunfo de produtos universais"; "*j)* A economia precisa ser reescrita"; "*l)* A globalização como jogo de soma zero"; e "*m)* O desaparecimento da geografia".

Na obra, é afirmado que:

> A análise dessas globobagens é mais do que mero exercício de faxina intelectual. Os mitos associados à globalização, não menos do que outros preconceitos mal informados, induzem a ações que por vezes exercem efeitos funestos sobre a vida de milhões de pessoas. A ideia de que as empresas devem ser grandes ou que os produtos precisam ser globais induzem a fusões desnecessárias. Os investidores empilham dinheiro em empresas absurdamente valorizadas convencidos de que isso é parte da "nova economia". A ideia de que os países estão lutando por uma quantidade limitada de empregos – em que um dos lados necessariamente será derrotado – alastra as chamas do protecionismo e ajuda a promover ilusões mais benignas, como o conceito de "comércio justo".[175]

---

173 Idem, ibidem, p. 179.
174 MICKLETHWAIT, John e WOOLDRIDGE, Adrian. *O futuro perfeito:* os desafios e as armadilhas da globalização, p. 133-51.
175 Idem, ibidem, p. 132.

Resumidamente, na introdução deste capítulo do livro, os autores dão uma ideia da opulência dos edifícios do centro de Los Angeles. Informam das construções monumentais, construídas com dinheiro japonês, para sediar banqueiros, executivos da indústria petrolífera e advogados, com vistas à expansão das grandes multinacionais. Referidos prédios formam uma verdadeira muralha.

Porém, transpondo-se essa muralha e indo-se um pouco mais longe, as construções se tornam encardidas e decadentes, dando abrigo a uma baixa classe de habitantes.

Dizem que H. G. Wells previu que um dia a humanidade se degradaria. O Centro de Los Angeles seria uma demonstração contundente de que a extenuante economia da globalização converteu em realidade a visão de Wells.

H. O tamanho sempre leva a melhor

Neste item, os autores falam do planejamento por *experts* em desenvolver megacorporações, num processo pelo qual os pequenos seriam esmagados pelos grandes.

As fusões se sucederiam, com a justificativa da necessidade de escala na economia global.

Mas a ideia de que o grande está ficando maior é um velho mito que, do ponto de vista estatístico, parece cada vez mais inexato a cada repetição. Há mais de trinta anos, em *The New Industrial State*, John Kenneth Galbraith previu que o mundo seria dirigido por grandes corporações:

> Com a ascensão da moderna corporação, a emergência da forma organizacional imposta pela tecnologia moderna e pela necessidade de planejamento, assim como o divórcio entre o capital financei-

ro e o controle do negócio, o empreendedor não mais existe como pessoa individual na empresa industrial madura.[176]

I. O triunfo de produtos universais

Este item[177] decorre da ideia de que um grupo de elite, de poderosos nomes de marcas respaldadas por pujantes máquinas de *marketing*, acabará conquistando o mundo.

As empresas globais, que ignoram diferenças regionais "superficiais", exploram economias de escala, mediante a venda dos mesmos produtos, da mesma maneira, em todos os lugares, em breve sobrepujariam não apenas as pequenas empresas locais, mas também o velho tipo de empresa multinacional que gastava boa parte do tempo tentando "respeitar" as idiossincrasias e os pecadilhos locais.

No mercado consumidor mais amplo, apenas um punhado de marcas verdadeiramente globais é vendido em qualquer lugar, a qualquer pessoa, e até mesmo esses nomes portentosos não significam o mesmo em Beijin (onde são símbolos de *status*) e em Boston (onde estão longe de serem prestigiosos).

Como exemplos clássicos das marcas globais estão: Coca-Cola, McDonalds, Mercedes-Benz, BMW e Sony, entre muitas outras.

Registre-se a história mercadológica de uma marca triunfal: Coca-Cola.

Até mesmo a Coca-Cola tem dificuldade em fazer jus a seu *slogan* "sempre Coca-Cola". Os engarrafadores que distribuem o líquido mágico entre os consumidores do mundo são empresas independentes, e não empregados da Coca-Cola – tão independentes, na verdade, que

---

176 Idem, ibidem, p. 133-6
177 Idem, ibidem, p. 136-8.

um dos caciques da Coke humilhou-se numa convenção da empresa no México, a ponto de implorar a um grupo de distribuidores: "Por favor, pintem os caminhões de vermelho". A empresa também é muito mais sensível às preferências locais do que indicam as aparências. O produto que mais vende na Índia, por exemplo, não é a Coca-Cola em si, mas a Thums up, que supera as vendas da bebida tradicional pela margem de quatro a um em alguns mercados.

E a Coca-Cola não está sozinha. O McDonalds vende sanduíches *bulgogi* na Coreia da Sul e oferece molho de *teriyaki* no Japão.

J. A economia precisa ser reescrita

O mito que afirma que "a economia precisa ser reescrita"[178] retrata a ideia de Charlie Woo,[179] que parte de uma nova economia, e a reação dele se limitará a um sorriso amarelo. Longe de presumir que os ciclos econômicos estão mortos, ele se estenderá sobre as perspectivas de uma próxima queda no ritmo da atividade econômica, como a do início da década de 1990. Quanto à inflação, ela está de fato baixa; na realidade, parece que a deflação já atingiu algumas áreas da indústria de brinquedos. Mas os principais temores de Woo ainda se baseiam nos custos crescentes, sobretudo o da mão de obra. Frequentemente ele discute com os empregados a respeito de aumentos de salários. Sem dúvida, seu ambiente de negócios está mudando um pouco mais rapidamente do que antes: globalização significa que os concorrentes surgem em qualquer lugar. Mas as regras básicas sobre como ganhar dinheiro ainda são as mesmas de sempre.

---

178 Idem, ibidem, p. 138-41.
179 Idem, ibidem, p. 138.

Peter Schwartz[180] não concorda com esse ponto de vista. Schwartz, jeito afável, barba bem cuidada e o hábito de repetir "absolutamente", é a força impulsora por trás da Global Business Network. A GBN se especializou numa forma rara de consultoria: mapeamento do futuro. Cerca de cem clientes – de *blue-chips* como a IBM e a AT&T ao governo de Singapura – pagam US$ 35 mil para ingressar na comunidade intelectual da GBN. Mediante honorários muito mais elevados, a GBN também lhes fornece mapas personalizados do futuro. Schwartz tem boa experiência em cartografia, sobretudo em sua carreira anterior como planejador de cenários da Royal Dutch/Shell. Em 1982, ele especulou que os preços do petróleo poderiam cair para US$ 16 por barril. A Shell acumulou caixa para aproveitar a eventualidade e não foi pega de surpresa como os concorrentes.

Schwartz tem chancelado uma visão de futuro que vem recebendo calorosos aplausos no Vale do Silício e em outras comunidades conectadas: uma mistura de globalização e inovação tecnológica está quase abolindo os ciclos econômicos. Ele expôs seus argumentos, de maneira exaustiva, em *The long boom* (O longo surto de prosperidade), artigo que escreveu como coautor para o principal órgão do ufanismo de alta tecnologia, a *Wired*. Uma breve transcrição transmite a essência e o tom do raciocínio:

> Estamos assistindo ao início de um surto de prosperidade econômica global em escala jamais experimentada. Ingressamos num período de crescimento sustentado que, afinal, talvez duplique a economia mundial a cada doze anos e traga progresso para – literalmente – bilhões de pessoas em todo o planeta. Estamos surfando as primeiras ondas de uma corrida de 25 anos, caracterizada por grande expansão da economia, que trará importantes contribuições para a

---

180 Idem, ibidem, p. 139.

solução de problemas aparentemente intratáveis, como pobreza, e atenuará o nível de ansiedade em todo o mundo. E o faremos sem explodir o meio ambiente.

A nova economia é difícil de definir, principalmente porque envolve três fatores: o primeiro tem a ver com a organização dos negócios, a ideia de que a vida da corporação, particularmente nos Estados Unidos, está sendo transformada pela internet e pelas companhias de negócios na internet. Parece difícil argumentar contra isso. O segundo, que é mais fácil de ser questionado, tem a ver com o mercado de ações: a ideia de que a revolução dos negócios justifica a colossal equidade de preços que caracterizou o início dos anos 2000. O terceiro, e mais complicado fator, tem a ver com as macroeconomias e quanto às suas leis e teorias, que precisam ser reescritas à luz de toda essa nova tecnologia e, em menor grau, da globalização. Durante a maior parte dos anos 1990, o argumento básico de que a tecnologia revolucionou e mudou o limite de velocidade com que a economia americana poderia crescer enfraqueceu-se. Sim, as empresas americanas investiram dinheiro em tecnologia, e a inflação continuou baixa, mas há vários outros fatores mantendo os preços baixos, entre os quais *commodities* baratas, dólar forte e até efeitos posteriores à feroz reestruturação do início da década: trabalhadores amedrontados (influenciados pela inflação) deixaram de reivindicar aumentos de salários. Pior, apesar do colossal investimento em tecnologia nas últimas duas décadas do século XX, o crescimento da produtividade americana despencou para bem menos que a média pós-Guerra, de 3,4% ao ano, por quase toda a década de 1990.

K. A globalização como jogo de soma zero

Quanto a este mito,[181] a base é: para que alguns lucrem com a globalização, outros perderão em igual intensidade.

A ideia de que a integração econômica é um jogo de soma zero respalda todos os aspectos do pensamento globalista, como "comércio justo", empregos, salários e relacionamentos entre países ricos e pobres. O mesmo é admitir que trabalhadores mal remunerados concorram em igualdade de condições com trabalhadores bem remunerados, o que traduz a condenação destes últimos ao desemprego. Deixar que as empresas alemãs transfiram suas fábricas para o exterior significa mais empregos para os estrangeiros e menos empregos para os alemães. Evidentemente, alguns trabalhadores do Primeiro Mundo perdem em consequência do comércio exterior e dos investimentos estrangeiros diretos. Basta perguntar aos metalúrgicos e aos mineiros, se for possível encontrar algum.

Na maioria dos lugares, exceto Paris e Havana, o mito da soma zero tem sido completamente desmentido. Isso explica por que seus partidários recentemente transferiram a ênfase da quantidade para a qualidade dos empregos. O livre comércio força os trabalhadores dos países ricos à competição aberta com os trabalhadores dos países pobres. Nessas condições, as empresas podem transferir empregos para os países de salários baixos, a fim de reduzir o custo da mão de obra – ou pelo menos acenar com a ameaça de transferência, caso os trabalhadores do país de origem se recusem a aceitar níveis salariais "realísticos". A situação pressiona os trabalhadores dos países desenvolvidos a aceitar salários mais reduzidos ou a seguir o exemplo dos metalúrgicos.

---

181 Idem, ibidem, p.141-6.

O primeiro problema conceitual é o fato de os custos de mão de obra serem mais bem mensurados não apenas pelos salários, mas também pela produtividade. Faz muito sentido, em termos econômicos, pagar maiores salários para a mão de obra mais produtiva – e como os trabalhadores dos países desenvolvidos são mais produtivos do que os colegas dos países em desenvolvimento, graças às diferenças de educação, gestão, equipamentos e infraestrutura, eles são capazes de competir no mercado aberto sem ficar mais pobres. Se é assim, por que o aumento dos salários foi mais lento a partir de 1973? Novamente, a produtividade é a resposta. O ritmo de crescimento dos salários desacelerou durante a última década porque, como já observado, a taxa de crescimento da produtividade também foi menor.

O mito da soma zero é mais pernicioso em termos de política comercial. Cada redução no volume do comércio mundial significa maiores preços e menos opções para os consumidores, menor geração de emprego pelos produtores e menos oportunidades de inovação para empreendedores como Charlie Woo. Contudo, mesmo nos Estados Unidos, a política comercial se baseia na crença insólita de que oferecer aos consumidores a chance de comprar produtos mais baratos e melhores é um grande sacrifício.

Assim, em 1999, o governo americano encenou o grande espetáculo de reagir à recusa da União Europeia de abrir seu mercado de banana, impondo enormes tarifas sobre vários produtos de exportação da Europa, como suéteres de *cashmere* e bolsas Gucci.

Mesmo deixando de lado a simetria questionável das duas ações – para não mencionar as dívidas do governo Clinton com os grandes produtores de banana americanos –, a decisão parecia uma cena de versão econômica de *Dr. Strangelove*. "Os europeus estão punindo seus fornecedores de bananas", imaginemos o diálogo, "assim, façamos com que os usuários americanos de suéteres de fato suem".

142

Enquanto isso, o Congresso representava sua própria versão, protestando contra as siderúrgicas estrangeiras que praticavam *dumping* de seus produtos nos mercados americanos, pressionando para baixo, criminosamente, os preços da indústria nacional.

L. O desaparecimento da geografia

Quando tratam deste mito,[182] os autores querem referir-se à ideia de que, na economia global, "a geografia não importa", pois os negócios inevitavelmente migrarão para os lugares com a mão de obra mais barata.

Um dos motivos pelos quais a geografia continua sendo relevante na era da globalização decorre da importância dos aglomerados na economia global – algo que Woo sempre levou em conta. Em vez de tentar desestimular os concorrentes, como a maioria dos empresários, ele difundiu sua história de sucesso em Hong Kong e ainda ajudou os empreendedores locais. Ele tinha a forte intuição de que os negócios cercados por outros negócios semelhantes tinham mais chances de progredir do que outros refestelados em esplêndido isolamento. O número de clientes aumentaria, raciocinou, porque cada novo negócio traria seus próprios clientes, e as pessoas se mostrariam mais dispostas a enfrentar os horrores do centro da cidade se tivessem centenas de *outlets* nos quais comprar. E também seriam maiores as oportunidades de terceirização para especialistas próximos.

3.5 A GLOBALIZAÇÃO EM CRISE

Sobre "globalização em crise", antes mesmo de adentrarmos o escrito de Rubens Ricupero, é-nos, pelo menos, cega a ideia da possibilidade,

---

182 Idem, ibidem, p. 146-50.

vez que o que se noticia é sempre a referência dos ganhos cada vez maiores das transnacionais. Igualmente, os bancos internacionais se locupletam semestre a semestre com lucros nunca antes registrados à custa dos países chamados emergentes (que não emergem). A não ser, o que reconhecemos, que a desordem do crescimento da globalização necessite urgentemente de um planejamento mais sólido, mais arrumado, no sentido de maior eficiência.

Resumo o exposto do escrito por Rubens Ricupero:[183]

> Entre os anos de 1990 e 1995, deparamos com o avanço irresistível da globalização e de seu projeto de unificar o mercado para o comércio, os investimentos e as finanças internacionais. Esse avanço encontrou o seu apogeu com a conclusão da Rodada Uruguaia e o nascimento da Organização Mundial do Comércio (OMC), primeira das grandes organizações internacionais fundadas após a Guerra Fria.

Contudo, existem dificuldades em se levar a termo três projetos fundamentais à globalização, quais sejam: o primeiro, eliminar as barreiras restantes no comércio de bens e serviços e ampliar as fronteiras do sistema comercial a áreas até hoje de jurisdição nacional, como os padrões trabalhistas e de meio ambiente, os investimentos, a concorrência, as compras governamentais etc.; o segundo foi iniciativa dos países desenvolvidos reunidos na Organização para a Cooperação e Desenvolvimento Econômicos (OCDE) – negociar um código mundial de investimentos, o *Multilateral Agreement of Investiment* (MAI), uma espécie de tratado para restringir a capacidade de regulação e intervenção dos governos, a fim de proporcionar um mundo mais seguro

---

183 RICUPERO, Rubens. *Esperança e ação*, p. 103 e seguintes.

para as empresas transnacionais; o terceiro foi a proposta do FMI para emendar os estatutos da instituição com vistas a tornar obrigatória a convertibilidade total da conta-capital da balança de pagamentos, proibindo assim os controles de capitais.

Todos esses projetos encontram-se inacabados ou suspensos, como é o caso do MAI; todavia, não podem ser catalogados como os culpados pelo insucesso das negociações que compõem a primeira fase da globalização. Essa classificação coube à inquietante repetição de crises monetárias e financeiras a partir de 1994 e início de 1995, no México e na Argentina, seguidas em 1997 e anos seguintes pelas crises no Sudeste e Leste da Ásia, na Rússia e no Brasil.

Com tais fatos, a globalização se descobriu mortal e vulnerável.

Ainda de Ricupero, da mesma obra, sob título "Pobreza e desigualdade no Brasil":

> Em matéria publicada na Folha de São Paulo, em 13 de junho de 1999, Carlos Eduardo Lins e Silva afirma que o Brasil, conforme dados do IPEA – Instituto de Pesquisas Ecológicas Aplicadas, possui recursos, do ponto de vista financeiro, suficientes para erradicar, a curto prazo, a pobreza no país. Para tanto é necessário dar apoios institucionais a quem já trabalha com a pobreza.
>
> O principal fator determinante da desigualdade no Brasil corresponde a falta de acesso à educação. O segundo, mas não menos importante fator, é o desequilíbrio entre investimento em capital físico e capital humano. E por último a presença no mercado de trabalho de cerca de 20% das crianças entre 10 e 14 anos.
>
> Existem, contudo, políticas passíveis de combater a desigualdade e a pobreza. Estas políticas encontram-se classificadas como redistributivas e podem ser divididas em: de preços, estruturais e compensatórias. As primeiras afastam os preços do seu valor de equilíbrio.

As segundas visam a repartir a renda por meio da redistribuição de ativos, garantindo aos mais pobres a posse de volumes suficientes de terra, capital físico ou humano capazes de fazê-los sair da pobreza. Por fim, as políticas compensatórias visam a corrigir os efeitos da desigualdade, e não as suas causas, atingindo desse modo os grupos carentes.

As políticas compensatórias têm como vantagens a transparência, o impacto distributivo imediato, o menor efeito sobre a eficiência do sistema produtivo. Porém, não apresentam uma solução duradoura, porque obrigam a contínua transferência de recursos, com impactos sobre o orçamento público e os impostos, estigmatizando os beneficiários.

A pobreza extrema, muito mais que a inflação, é um fenômeno de extraordinária complexidade, com múltiplas causas que requerem diferenciados remédios. Para a sua dizimação recomenda a pesquisa do IPEA – Instituto de Pesquisas Ecológicas Aplicadas – que sejam combinadas políticas estruturais de longo prazo com medidas compensatórias de efeito imediato.

Este estudo possui dois méritos. O primeiro é demonstrar que o país detém condições para eliminar a curto prazo, com recursos já disponíveis, o problema da fome. O segundo é dar ênfase à redução da desigualdade.

A França, único país europeu a dispor de lei contra a exclusão, criou um Observatório da Pobreza. O Brasil poderia dar essa função à Diretoria de Estados e Políticas Sociais, do IPEA, que na prática já vem fazendo o que corresponde ao Observatório: estudar a evolução da pobreza, exclusão e desigualdade, alcançar propostas concretas para combater esses males, acompanhar e avalizar a implementação dessas políticas.

De George Soros[184] – *Globalização* –, extraí retalhos sobre o seu ponto de vista a respeito de "As deficiências do capitalismo global".

Diversas são as acepções do vocábulo *globalização*, entre elas a do desenvolvimento dos mercados financeiros globais, de crescimento das empresas transnacionais e do crescente domínio destas sobre as economias nacionais (definição importante para a presente análise).

A globalização é um fenômeno recente, cujo termo inicial se dá com o fim da Segunda Grande Guerra Mundial, tendo em vista que nesse período a grande maioria dos países era detentora de rigorosos controles sobre as transações internacionais de capital. Durante esse período, foram concebidos, para facilitar o comércio e os investimentos internacionais, instituições como o Fundo Monetário Internacional (FMI), o Banco Mundial e as instituições de Bretton Woods. Todavia, apenas no início da década de 1990, após a queda do Império Soviético, é que os mercados financeiros tornaram-se realmente globais.

Constitui fundamento acentuado da globalização a movimentação livre do capital financeiro, em contraposição ao controle rigoroso do movimento de pessoas, já que o capital é ingrediente essencial na produção, e os diferentes países competem entre si para atraí-lo, reduzindo, assim, a sua capacidade de tributá-lo e regulá-lo.

Os mecanismos econômicos e sociais passaram por profundas transformações em razão das influências da globalização. Destarte, a capacidade de movimentação do capital para outros lugares abalou a capacidade do Estado de exercer controle sobre a economia, reduzindo a sua capacidade de interferência.

Muitos negam que a globalização tenha a capacidade de influir no poder do Estado de impor tributos e regulamentos. Contudo, essa visão é dominante, ao menos no mundo anglófono.

---

184 SOROS, George. *Globalização*, p. 43 e seguintes.

A globalização com base no fundamentalismo de mercado, ou seja, na utilização de recursos econômicos por conta dos mecanismos de mercado, é um processo de grande sucesso. Além do mais, a globalização proporcionou a livre competição, liberando incentivos e talentos do empreendedor, e inovações tecnológicas.

Todavia, a globalização não possui somente efeitos positivos, mas também negativos, quais sejam:

- marginalização dos mercados globais em países menos desenvolvidos;
- má distribuição de recursos;
- crises dos mercados financeiros globais nos países em desenvolvimento.

Os mercados servem para facilitar a livre troca de bens e serviços, mas não são competentes para promover o equilíbrio social.

A globalização, quanto às suas deficiências, necessita de reformas institucionais nas seguintes áreas:

- instabilidade dos mercados financeiros;
- corrigir a obliquidade das instituições financeiras e comerciais internacionais em favor dos países desenvolvidos que se controlam;
- complementar a Organização Mundial do Comércio (OMC), com instituições internacionais dedicadas a metas sociais;
- melhorar a qualidade da vida pública em países que sofrem com governos corruptos, repressivos ou incompetentes.

As instituições que sustentam o comércio internacional e os mercados financeiros globais são relativamente fortes. Todavia, carecem de reformas, vez que são operadas em proveito dos países ricos que as controlam, geralmente em detrimento dos países pobres. Possuem essas instituições condições de impor os seus objetivos, ao passo que instituições internacionais, dedicadas ao desenvolvimento social e político, não possuem meios nem autoridade para tanto.

Constitui a Organização das Nações Unidas uma associação de Estados, que possuem interesses que devem sobrepujar os interesses do bem comum.

Em contraposição, o comércio internacional e os mercados financeiros não são capazes de proporcionar o fornecimento de bens públicos (compreendidos entre a preservação da paz, o alívio da pobreza, a proteção do meio ambiente, a melhoria das condições de trabalho ou a defesa dos direitos humanos).

A função da OMC é facilitar o intercâmbio internacional de bens e serviços entre seus membros, imbuídos de tal disposição. Esse objetivo tem sido cumprido mediante o estabelecimento de normas compulsórias e mecanismos eficazes de execução dos regulamentos. Porém, a mesma abordagem não é adequada ao fornecimento de bens públicos, porque difícil seria desenvolver mecanismos de execução que funcionassem tão bem quanto os adotados no comércio internacional com a abertura ou o fechamento do acesso aos mercados.

Não se pode responsabilizar a globalização por todos os males da atualidade. No presente, as mais importantes causas da miséria e da pobreza no mundo são os conflitos armados, os regimes opressivos e corruptos.

Contudo, a globalização tornou o mundo mais interdependente e acentuou os danos causados aos diferentes países por suas falhas internas. Portanto, não basta conceber melhores mecanismos para o fornecimento de bens públicos em escala global; também é preciso descobrir maneiras de melhorar as condições políticas e sociais dos vários países.

A disparidade entre as instituições financeiras e comerciais internacionais (IFCI) e as instituições políticas internacionais redundou no desenvolvimento de uma sociedade global de maneira extremamente assimétrica. O desenvolvimento econômico, isto é, a produção de bens privados, assumiu precedência em relação ao desenvolvimento social. Para promover o equilíbrio social, contudo, não se deve proceder como pretendem os ativistas da antiglobalização, que almejam a destruição das IFCI e consequentemente a falência da OMC, mas, sim, por meio da criação e do desenvolvimento de instituições capazes de promover as metas sociais almejadas.

O que se denota do afirmado é que a ONU e seus organismos bem poderiam ser as instituições referidas, trabalhando em prol das metas sociais, realizando assim os fins dos direitos humanos, traduzindo a esperada "globalização integradora".

A OMC, nesse sentido, a fim de garantir o fornecimento de outros bens públicos, criou uma nova série de negociações, chamada de *Development Round*.

Contudo, na forma como tem sido prestada, essa ajuda externa apresenta cinco deficiências:

- a ajuda externa atende aos interesses dos doadores, em vez de focar as necessidades dos receptores. O fornecimento de ajuda geralmente é norteado por interesses de segurança nacional, com base em considerações geopolíticas, sem levar em conta os níveis de pobreza dos governos receptores;
- os projetos de desenvolvimento, quase sempre, são elaborados e implementados por programas estrangeiros;
- a ajuda externa geralmente é intergovernamental; e os governos receptores quase sempre atuam como comportas, desviando os fundos para seus próprios objetivos;

- os doadores insistem em manter controle sobre a ajuda fornecida, situação que converge em falta de coordenação;
- a ajuda internacional é um empreendimento de alto risco, isso porque não se dispõe de um único indicador dos benefícios sociais; essa ajuda é administrada por burocratas, que têm muito a perder e pouco a ganhar com a assunção dos riscos.

3.6 A GLOBALIZAÇÃO DOS DIREITOS HUMANOS

Exploro Carlos Weis,[185] com respeito à globalização dos direitos humanos.

A organização dos direitos humanos em um sistema normativo internacional representa a internacionalização dos direitos humanos, com base na proteção e promoção da dignidade fundamental do ser humano.

Com a Declaração Universal dos Direitos Humanos, de 1948, houve o aparecimento do direito internacional dos direitos humanos, objetivando estipular os direitos fundamentais do ser humano e garantir seu exercício. Esse novo importante papel político, na época de globalização econômica, necessita do acompanhamento da fixação de um patamar internacional comum, indicando as condições mínimas de existência humana. É válido que se proponha a universalização dos direitos e das garantias fundamentais, criando, então, um sistema normativo.

Carlos Weis[186] evidencia características além daquelas já abordadas, que são: inerência, indivisibilidade e transnacionalidade.

A *inerência* consiste na ideia de que os direitos humanos são inerentes à pessoa. Decorre do fundamento do direito internacional dos

---

185 WEIS, Carlos. *Direitos humanos contemporâneos*, p. 21 e seguintes.
186 Idem, ibidem, p. 109.

direitos humanos. A Declaração Universal dos Direitos Humanos reconhece a dignidade inerente ao homem.

Atualmente, a importância da inerência dos direitos humanos tem uma conotação diferente de quando havia o direito não escrito. O reconhecimento dessa característica tem a função de propiciar a alteração do sistema normativo dos direitos humanos. A elaboração de suas normas visa a consolidar a noção da dignidade fundamental do ser humano, estabelecendo o equilíbrio dinâmico entre direito natural e positivo.

Como consequência, há a noção do Estado de Direito no que tange ser uma garantia do homem contra o Estado. Há ainda, como consequência, o caráter não taxativo dos direitos humanos, visando a mutação dos seres humanos e possíveis necessidades de modificação ou interpretação.

A *indivisibilidade*, ligada à característica da interdependência, está relacionada à promoção e garantia da dignidade do ser humano. Somente existe vida digna se todos os direitos humanos forem respeitados.

Conforme diz Dalmo de Abreu Dallari:

> Não existe respeito à pessoa humana e ao direito de ser pessoa se não for respeitada, em todos os momentos, em todos os lugares e em todas as situações, a integridade física, psíquica e moral da pessoa. E não há qualquer justificativa para que umas pessoas sejam mais respeitadas do que outras. [187]

A interdependência diz respeito aos direitos humanos considerados em espécie, dando o entendimento de que certo direito não é eficiente

---

187 Apud idem, ibidem, p. 118.

de forma plena sem a realização dos outros direitos humanos, não distinguindo direitos civis e políticos ou econômicos, sociais e culturais. Afasta qualquer tentativa de priorização de uma classe de direitos ou outra que violaria a lógica do sistema. Recentemente, a noção de interdependência foi enriquecida com o advento dos direitos humanos voltados à proteção de bens que interessam a toda a humanidade. *Transnacionalidade*, conforme Dallari:

> Os direitos fundamentais da pessoa humana são reconhecidos e protegidos em todos os Estados, embora existam algumas variações quanto à enumeração desses direitos, bem como quanto à forma de protegê-los. Esses direitos não dependem da nacionalidade ou cidadania, sendo assegurados a qualquer pessoa.[188]

A característica da transnacionalidade dos direitos humanos visa a proteção do ser humano quando é recusada a nacionalidade e a proteção estatal que desta decorre, originando-se com o surgimento da crescente população não vinculada ao Estado-nação.

A Declaração Universal dos Direitos Humanos prevê o direito fundamental à cidadania, reconhecendo a necessidade de que todo ser humano esteja protegido por alguma ordem jurídica interna e internacionalmente, perante a qual possa exigir o respeito e a promoção dos direitos humanos. No caso de minorias étnicas e religiosas, o direito internacional dos direitos humanos prescreve seu direito de manifestar, em sua própria língua, e processar sua cultura, não rompendo a relação de direitos e obrigações decorrentes da nacionalidade.

---

188 Apud idem, ibidem, p. 121.

Se à pessoa não forem garantidos os direitos fundamentais, a Ordem Internacional tem o dever de intervir, em face do caráter transcendental dos direitos humanos.

Do ponto de vista do autor desta obra, a exposição de Carlos Weis bem confirma a necessidade de se deflagrar estudos que redundem na composição de um tratado internacional sobre globalização. A Declaração Universal dos Direitos Humanos, ao reconhecer a dignidade, inerente ao homem, dando forma a todos os direitos humanos, marca como início de limite para que os estudiosos se dediquem ao desenvolvimento da matéria, como, quem sabe, um novo direito.

A globalização, compreendida como fulcro da exploração econômica e financeira dos países pobres pelos países ricos, deixa exaurido o "caixa" daqueles países, que se desdobram em procurar, na cobrança de tributos, os meios para o pagamento dos serviços das dívidas, dificultando a realização dos projetos sociais.

Para que sejam garantidos os direitos fundamentais nos países do Terceiro Mundo, a Ordem Internacional há de impor condições que, quando nada, revertam parte dos juros das dívidas em benefício da população carente, ainda que os projetos sociais necessitem de monitoramento e fiscalização.

Como dito por Carlos Weis, os direitos humanos têm caráter transcendental, obrigados todos os Estados, assim, ao exercício deles em todo o mundo. É o propósito desta obra, motivar as autoridades ao entendimento de que é impossível que a globalização permaneça de olhos vendados ao respeito dos direitos humanos. O esperado seria a integração de ambos, direitos humanos e globalização, por meio de instrumentos internacionais hábeis, com o objetivo de elevar o padrão de vida das populações mais pobres do mundo.

4
A globalização internacional

4.1 O estado de emergência 155
4.2 A globalização social e as desigualdades 157
4.3 A globalização da pobreza 162
4.4 A crise do Estado 168
4.5 A crise econômica global 168
4.6 O assalto à democracia e ao bem-estar social. 172
4.7 O impacto da globalização e a fragmentação global 175
4.8 O poderio mundial do trigo 177
4.9 O desemprego e as novas multinacionais 179
4.10 Ascensão e queda da globalização. 182
4.11 Os efeitos da globalização 185

4.1 O ESTADO DE EMERGÊNCIA

Exploro, de início, matéria publicada sob o título "Identidades sindicais europeias em tempos de globalização".[189]

A segunda metade do século XX demonstrou claros sinais de intensificação dos processos de transnacionalização econômica. O comércio financeiro mundial estimulou a multiplicação das empresas transnacionais, que não só atuam em função das economias de muitas regiões do mundo como contribuem diretamente para a globalização do mercado por via dos seus investimentos diretos estrangeiros.

---

189 COSTA, Hermes Augusto. *Revista de Sociologia da USP*, v. 12, n. 1, maio de 2000, p. 165-85.

A globalização revela-se capaz de destapar tendências comuns. Do ponto de vista sindical, uma dessas tendências comuns é o medo que os diferentes movimentos sindicais nacionais expressam de que a globalização corte pela raiz as suas capacidades de negociação e de influência política. Esse efeito negativo da globalização sobre o sindicalismo é testemunhado pela competição resultante das produções de baixo custo, que exercem pressão de sentido descendente sobre os salários e o emprego em indústrias como a têxtil ou do vestuário. Visando a assegurar vantagens competitivas, os empregadores investem frequentemente na produção de bens e serviços tecnologicamente mais intensivos, o que, a curto prazo, determina a redução na procura de trabalhadores manuais.

Com a globalização crescente dos mercados, os sindicatos têm pela frente a difícil tarefa de harmonizar salários para além das fronteiras nacionais, o que enfraquece a posição do trabalho em relação ao capital, visto que, por sua vez, tendem a criar condições intimidatórias para a esfera do trabalho, posto que fragilizam a capacidade negocial dos seus representantes.

A transnacionalização das empresas, além de refletir o caráter atual da globalização, constitui, também, um motivo para a procura de esforços correspondentes do ponto de vista laboral.

À medida que o consumo se universaliza – por meio de marcas, produtos ou referências de ordem global –, a produção localiza-se mediante critérios decorrentes de vantagens de custo.

Paulo Borba Casella[190] analisa uma determinada situação na Argentina, quando a Ford decretou recesso de 10 meses de sua força de trabalho, considerando ser essa atitude reflexo da situação no Brasil. A antiga divisão entre mercados internos e internacionais, durante a globalização da economia, deixa de ser realista.

---

190 CASELLA, Paulo Borba. *Direito internacional*: vertente jurídica globalizada, p. 339-40.

Enquanto as moedas nacionais foram afundando por falta de recursos para maiores injeções pelo FMI, o governo de Brasília desencadeou a flutuação do real, com o início favorável, sendo, porém, incertos os resultados.

Os níveis de reservas cambiais volatizaram-se rapidamente para US$ 30 bilhões, enquanto antes, para o Brasil, estávamos em torno dos US$ 70 bilhões. Houve falta de transparência governamental na relação com o setor privado. É mais fácil saber o que acontece no Brasil a partir das análises e avaliações feitas no exterior, por termos economia mais aberta e sermos mais vulneráveis e mais atraentes.

Atualmente, a existência de coordenação entre economias nacionais do porte das do Mercosul, destacando a argentina e a brasileira, pode representar peça de estratégia brasileira e do bloco regional, procurando proteger a estabilidade e a consolidação da economia nacional.

A crise cambial e financeira brasileira não deve ser ensejo para medidas apressadas de desdobramentos abrangentes.

Há objeção à vinculação ao dólar norte-americano, como decorreria de extemporânea, contudo aventada, unificação monetária no Mercosul. Seria muito mais interessante ter maior abertura dessas economias e do bloco regional em relação ao euro (moeda unificada europeia), não esquecendo ser a União Europeia o primeiro parceiro comercial do Brasil como país e do Mercosul como bloco regional.

4.2 A GLOBALIZAÇÃO SOCIAL E AS DESIGUALDADES

Boaventura de Souza Santos,[191] dentre vários posicionamentos a respeito de globalização, vai exatamente ao encontro do tema desta obra, ao escrever tópico que denominou "A globalização social e as desigualdades".

---

191 SANTOS, Boaventura de Souza (org.). *A globalização e as ciências sociais*, p. 32 e seguintes.

Ao longo de sua exposição, entendemos que, embora o sistema mundial moderno tenha sido sempre estruturado por um sistema de classes, uma classe capitalista transnacional que hoje emerge, cujo campo de reprodução social é o globo, facilmente ultrapassará as organizações nacionais de trabalhadores, bem como os Estados externamente fracos da periferia e da semiperiferia do sistema mundial.

As empresas multinacionais são a principal forma institucional dessa classe capitalista transnacional, e a magnitude das transformações que elas estão a suscitar na economia mundial está patente no fato de mais de um terço do produto industrial mundial ser produzido por essas empresas e de que uma percentagem muito mais elevada é transacionada entre elas. Embora a novidade organizacional das empresas multinacionais possa ser questionada, parece inegável que a sua prevalência na economia mundial e o grau e a eficácia da direção centralizada que elas adquirem as distingue das formas precedentes de empresas internacionais.

Verdadeiramente, em especial nas décadas de 1970, 1980 e 1990, tomaram vulto extraordinário as multinacionais instaladas nos países periféricos, produzindo lucros extravagantes, decorrentes das vantagens fiscais oferecidas pelos governos e da alocação de mão de obra barata.

Da burguesia nacional, categoria socialmente ampla que envolve a elite empresarial, os diretores de empresas, os altos funcionários do Estado, os líderes políticos e os profissionais influentes, apesar de toda a heterogeneidade, esses diferentes grupos constituem uma classe

> porque os seus membros, apesar da diversidade de seus interesses setoriais, partilham uma situação comum de privilégio socioeconômico e um interesse comum de classe nas relações do poder políti-

co e do controle social que são intrínsecas ao mundo de produção capitalista.[192]

O ramo internacional e a burguesia internacional são compostos pelos gestores das empresas multinacionais e pelos dirigentes das instituições financeiras internacionais. As novas desigualdades sociais produzidas por essa estrutura de classe têm sido amplamente reconhecidas, mesmo pelas agências multilaterais que têm liderado esse modelo de globalização, como o Banco Mundial e o Fundo Monetário Internacional.[193]

De Boaventura de Souza Santos a afirmação de que:

> É hoje evidente que a iniquidade da distribuição da riqueza mundial se agravou nas duas últimas décadas: 54 dos 84 países menos desenvolvidos viram o seu PNB *per capita* decrescer nos anos 80, em 14 deles a diminuição rondou os 35%; segundo as estimativas das Nações Unidas, cerca de 1 bilhão e meio de pessoas (¼ da população mundial) vivem na pobreza absoluta, ou seja, com um rendimento inferior a um dólar por dia, e outras 2 bilhões vivem apenas com o dobro desse rendimento. Segundo o Relatório do Desenvolvimento do Banco Mundial de 1995, o conjunto dos países pobres, onde vive 85,2% da população mundial, detém apenas 21,5% do rendimento mundial, enquanto o conjunto dos países ricos, com 14,8% da população mundial, detém 78,5% do rendimento mundial. Uma família africana média consome hoje 20% menos do que consumia há 25 anos. O aumento das desigualdades tem sido tão acelerado e tão grande que é adequado ver as últimas décadas como uma revolta

---

192 Idem, ibidem, p. 33.
193 Idem, ibidem, p. 33.

das elites contra a redistribuição da riqueza com a qual se põe fim ao período de uma certa democratização da riqueza iniciado no final da Segunda Guerra Mundial. Segundo o Relatório do Desenvolvimento Humano do PNUD relativo a 1999, os 20% da população mundial a viver nos países mais ricos detinham, em 1997, 86% do produto bruto mundial, enquanto os 20% mais pobres detinham apenas 1%. Neste mesmo quinto mais rico concentravam-se 93,3% dos utilizadores da internet. Nos últimos trinta anos a desigualdade na distribuição dos rendimentos entre países aumentou dramaticamente. A diferença de rendimento entre o quinto mais rico e o quinto mais pobre era, em 1960, de 30 para 1 e, em 1997, de 74 para 1. As 200 pessoas mais ricas do mundo aumentaram para mais do dobro a sua riqueza entre 1994 e 1998. Os valores dos três mais ricos bilionários do mundo excedem a soma do produto interno bruto de todos os países menos desenvolvidos do mundo, onde vivem 600 milhões de pessoas.

A concentração da riqueza produzida pela globalização neoliberal atinge proporções escandalosas no país que tem liderado a aplicação do novo modelo econômico, os EUA. Já no final da década de oitenta, segundo dados do Federal Reserve Bank, 1% das famílias norte-americanas detinha 40% da riqueza do país e as 20% mais ricas detinham 80% da riqueza do país. Segundo o Banco, esta concentração não tinha precedentes na história dos EUA, nem comparação com os outros países industrializados.

No mundo da globalização social, o consenso neoliberal é o de que o crescimento e a estabilidade econômicos assentam na redução dos custos salariais, para o que é necessário liberalizar o mercado de trabalho, reduzindo os direitos liberais, proibindo a indexação dos salários aos ganhos de produtividade e os ajustamentos em relação ao custo de vida e eliminando a prazo a legislação sobre salário mínimo. O objetivo é impedir "o impacto inflacionário dos aumentos salariais". A contração do poder de compra interno que resulta desta política deve ser suprida pela busca de mercados externos. A economia é, assim, dessocializada, o conceito de consumidor substitui o de cidadão, e o critério de inclusão deixa de ser o direito para passar a ser a solvência. Os pobres são os insolventes (o que inclui os consumidores que ultrapassam os limites do sobreendividamento). Em relação a eles devem adotar-se medidas de luta contra a pobreza, de preferência medidas compensatórias que minorem, mas não eliminem, a exclusão, já que esta é um efeito inevitável (e, por isso, justificado) do desenvolvimento assente no crescimento econômico e na competitividade em nível global. Este consenso neoliberal entre os países centrais é imposto aos países periféricos e semiperiféricos através do controle da dívida externa efetuado pelo Fundo Monetário Internacional e pelo Banco Mundial. Daí que estas duas instituições sejam consideradas responsáveis pela "globalização da pobreza". A nova pobreza globalizada não resulta de falta de recursos humanos ou materiais, mas tão só do desemprego, da destruição das economias de subsistência e da minimização dos custos salariais à escala mundial.[194]

As demonstrações exibidas por Boaventura de Souza Santos[195] bem demonstram a deterioração das economias dos países fracos, cuja tendência, permitida a continuação do sistema global, será a sua completa falência.

Os sensíveis a tal degradação clamam para que as instituições internacionais voltadas à defesa dos direitos humanos reestudem a situação dos países pobres em face da globalização econômica desumana,

---

194 Idem, ibidem, p. 33.
195 Professor de Economia da Universidade de Coimbra e Diretor Científico do Centro de Estudos Sociais.

definindo regras de limitação à exploração e de respeito à dignidade dos povos.

Da pobreza resulta a fome, da fome resulta a doença.

Segundo a Organização Mundial de Saúde, os países pobres têm a seu cargo 90% das doenças que ocorrem no mundo, mas não têm mais de 10% dos recursos globalmente gastos em saúde. Um quinto da população mundial não tem qualquer acesso a serviços de saúde modernos, e metade da população mundial não tem acesso a medicamentos essenciais. Apesar do aumento chocante da desigualdade entre países pobres e ricos, apenas quatro destes últimos cumprem a sua obrigação moral de contribuir com 0,7% do Produto Nacional Bruto para a ajuda ao desenvolvimento.[196]

4.3 A GLOBALIZAÇÃO DA POBREZA

Entristecedor, mas de grande importância, este tópico sobre a pobreza, que Michel Chossudovsky explora com sabedoria.

A obra do autor trata com propriedade o que talvez seja o tema mais importante desta obra. Resumidamente o reproduzo.

A crise global não se concentra em uma única região do mundo. O comércio internacional e os mercados financeiros de todo o mundo estão interligados pelo sistema de telecomunicações.

A economia global é regulada por um processo de cobrança de dívida em âmbito mundial, que sufoca as instituições do Estado nacional, contribui para a eliminação de empregos e reduz a atividade econômica.

O peso da dívida externa atinge US$ 2 trilhões nos países em desenvolvimento. O colapso das moedas nacionais desestabiliza países, tendo levado à eclosão de lutas sociais, aos conflitos étnicos e à guerra civil.

---

196 SANTOS, Boaventura de Souza (org.). *A globalização e as ciências sociais*, p. 35.

As reformas macroeconômicas, reflexos da evolução destrutiva do capitalismo pós-Guerra, regulam o processo de acumulação de capitais. Embora os neoliberais afirmem tratar-se de um sistema de livre mercado, o chamado "programa de ajuste estrutural" constitui um novo esquema intervencionista.

A busca do lucro máximo tem sido objetivo da política macroeconômica, ocasionando o desmantelamento das instituições do Estado, o rompimento de fronteiras econômicas e o empobrecimento da população.

O FMI, o Banco Mundial e a Organização Mundial do Comércio (OMC) são órgãos reguladores que operam dentro do capitalismo, respondendo a interesses econômico-financeiros dominantes. Têm a capacidade de manipular as forças de mercado, supervisionando as economias nacionais.

A economia é baseada na mão de obra barata, sob pena do desemprego mundial. As reformas patrocinadas pelo FMI têm sido decisivas no controle dos custos de mão de obra. A minimização desses custos leva a uma redução crítica do poder de compra.

Os baixos níveis salariais repercutem sobre a produção, contribuindo para o fechamento e a falência de fábricas. Em cada crise se nota um movimento de superprodução, seguido da redução da demanda. Com a redução da capacidade de consumo da sociedade, as reformas macroeconômicas, aplicadas em todo o mundo, acabam por obstruir o desenvolvimento do capital.

Num sistema que gera a superprodução, as corporações internacionais e as sociedades mercantis só podem expandir o seu mercado por meio do solapamento ou da destruição da base produtiva doméstica dos países em desenvolvimento. A expansão da exportação esteia-se na diminuição do poder de compra interno. A abertura dos mercados dá-se graças à substituição de um sistema produtivo preexistente. Pequenas e médias empresas são empurradas para a falência ou obrigadas a produzir para um distribuidor global.

Com o avanço da formação de blocos econômicos, o empresário local e regional é aniquilado, a vida na cidade é transformada; elimina-se a propriedade individual de pequena escala; empresas estatais são privatizadas ou fechadas; agricultores independentes são empobrecidos. Duas forças contraditórias caracterizam a economia global: uma economia baseada na mão de obra barata e a procura por novos mercados consumidores. A primeira força solapa a segunda.

> A ampliação de mercados para a corporação global requer a fragmentação e a destruição da economia doméstica. As barreiras para o movimento de dinheiro e mercadorias são removidas, o crédito é desregulamentado, a terra e os bens do Estado são assumidos pelo capital internacional.[197]

Ainda Chossudovsky expondo as mazelas da globalização.

Desde a queda do Muro de Berlim em 1989 e do fim da União Soviética, em 1991, a reestruturação da economia mundial tem se modificado. Desenvolveu-se um consenso político mundial sobre a macroeconomia, adotando-se uma agenda política neoliberal.

Nos países desenvolvidos, as instituições de Bretton Woods não têm papel relevante na fiscalização política. Os credores tendem a exercer suas pressões sobre os governos nacionais sem a intermediação da burocracia sediada em Washington. Nos países da Organização para a Cooperação e o Desenvolvimento Econômico (OCDE), as dívidas públicas aumentaram além dos limites durante a década de 1980. Nos

---

197 CHOSSUDOVSKY, Michel. A globalização da pobreza: impactos das reformas do FMI e do Banco Mundial, p. 11-9.

Estados Unidos, de longe os maiores devedores, a dívida quintuplicou durante os governos Reagan e Bush. O acúmulo de grandes dívidas nos países do Ocidente, além de alavancar politicamente os interesses financeiros e bancários, passou a ter, também, o poder de ditar a política social e econômica do governo. Instalados, em consequência, os monopólios globais.

Com o aumento da recessão, a economia global passa a ser dominada por um punhado de bancos internacionais e monopólios globais, cujos interesses financeiros entram cada vez mais em conflito com a sociedade civil. A política macroeconômica do G-7 (Grupo dos Sete, formado pelos ministros da Fazenda das sete potências industriais: Alemanha, Japão, Itália, Grã-Bretanha, França, Canadá e Estados Unidos), ao exercer rígido controle fiscal e monetário, tem sido responsável por uma onda de fusões e compras em corporações, bem como pela falência planejada de empresas médias ou de pequeno porte.

Grandes companhias multinacionais têm assumido o controle do mercado local por meio do sistema de incorporação de franquias. Pequenas empresas são encerradas ou incluídas na rede de um distribuidor global na condição de franqueadas. Permite-se, assim, que o franqueador tenha controle sobre o capital humano e o empreendimento. Há a apropriação de grande fatia dos lucros de pequenas firmas e/ou varejistas, embora o ônus das despesas de investimentos caiba ao produtor independente.

Processo semelhante pode ser observado na União Europeia, onde a reestruturação política atende cada vez mais a interesses financeiros dominantes, às custas da unidade das sociedades europeias. O Estado tem sancionado deliberadamente o progresso de monopólios privados.

Tanto na América do Norte como na Europa, com o avanço da formação dos blocos econômicos, o empresário local é aniquilado. Transforma-se a vida da cidade e elimina-se a propriedade individual de pequena escala.

O livre comércio e a integração econômica dão maior mobilidade às empresas globais e suprimem o movimento do pequeno capital local por meio de isenção de impostos e barreiras institucionais.

A instabilidade financeira e a desintegração da "economia real" são acompanhadas de um sistema global altamente instável. Desde a derrocada da Bolsa de Valores de Nova York em 1987 (19 de outubro – Segunda-Feira Negra), tem-se verificado um sistema financeiro extremamente volátil, marcado por convulsões nas principais bolsas de valores. Houve ainda a desvalorização das moedas no Leste Europeu e na América Latina e a queda dos novos mercados financeiros periféricos (México, Bangcoc, Cairo e Bombaim) em virtude da realização de lucros e da súbita retirada dos grandes investidores institucionais. Os mercados de ações periféricos transformaram-se num novo meio de extrair excedentes de países em desenvolvimento.

No ambiente financeiro, houve uma onda de fusões no final da década de 1980, aglutinando as funções dos bancos com as dos bancos de investimentos e das corretoras de ações.

Embora com grande poder no mercado financeiro, esses "administradores do dinheiro" estão cada vez mais distantes de funções empresariais na economia real. Suas atividades incluem transações especulativas nos mercados de futuros e derivativos, bem como a manipulação de mercados monetários. Envolvem-se rotineiramente em operações de *hot money* em mercados emergentes da América Latina e do Sudeste Asiático, em lavagem de dinheiro e no estabelecimento de "bancos privados" em paraísos bancários no exterior. Por meio de transferências eletrônicas, o dinheiro transita em alta velocidade de um paraíso bancário para outro. Atividades legais e ilegais ficam cada vez mais entrelaçadas. Aproveitando-se da desregulamentação do sistema financeiro, as máfias têm estendido sua atuação à esfera dos bancos internacionais, e, em vários países em desenvolvimento, os governos federais estão sob a tutela dessas facções criminosas, que também têm adquirido participações acionárias em empresas estatais. Convertem-se as dívidas privadas. E de que forma? Desde o começo dos anos 1980, dívidas de corporações e bancos comerciais dos países desenvolvidos foram convertidas em dívida pública. Do mesmo modo, os Estados Unidos, durante o auge das fusões nos anos 1980, transferiram para o Estado o ônus das perdas das corporações por meio da compra de empresas falidas.

Os vários subsídios da Organização para a Cooperação e o Desenvolvimento Econômico (OCDE), em vez de estimularem empregos, eram utilizados no financiamento de fusões e para introduzir tecnologia de redução de mão de obra barata nos países em desenvolvimento e no Leste Europeu. Além de os custos associados com a reestruturação da corporação serem arcados pelo Estado, os gastos públicos contribuíram diretamente para o aumento da concentração da propriedade e a diminuição da força de trabalho industrial. A falência de pequenas e médias empresas e a dispensa de trabalhadores levaram a uma queda na arrecadação de tributos.

Aparentemente são indicadas a independência dos Bancos Centrais. Pura ilusão!

No Ocidente, os bancos devem tornar-se livres de influência política, o que significa que os Tesouros nacionais estão cada vez mais à mercê de credores comerciais privados. O Banco Central opera como burocracia autônoma, porém tutelado pelas instituições financeiras e bancárias privadas, que determinam a direção da política monetária. A emissão de moeda é tramada internamente pelo sistema bancário internacional, objetivando a riqueza privada. Agentes financeiros criam e movimentam dinheiro sem impedimentos, manipulam taxas de juros e precipitam a desvalorização de moedas fortes. Isso significa que os Bancos Centrais não controlam mais a emissão de dinheiro de acordo com os interesses da sociedade, por exemplo, para mobilizar a produção e gerar empregos.

A base monetária está nas mãos de credores privados. Nos países em desenvolvimento e no Leste Europeu, o congelamento da emissão de moeda, imposto pelo FMI, é capaz de paralisar economias inteiras.

4.4 A CRISE DO ESTADO

A democracia foi colocada diante de um dilema. Seus efeitos nos altos cargos públicos os tornam cada vez mais burocratizados. Os credores do Estado são os depositários do poder político real e agem discretamente. O destino da política pública é negociado nos mercados de USbonus e Eurobonus. Enquanto os financistas são envolvidos na política, os políticos estão cada vez mais envolvidos financeiramente na comunidade de negócios. Esse conflito de interesses deixa o sistema de governo do Ocidente em crise. Os eleitores não têm alternativa política. O resultado das urnas praticamente não tem efeito sobre a conduta política e social do Estado, que se tornou, sob a agenda política neoliberal, cada vez mais repressivo no controle dos direitos democráticos de seus cidadãos.[198]

4.5 A CRISE ECONÔMICA GLOBAL

A atual crise econômica fez com que os países desenvolvidos apertassem o cerco em torno de suas antigas colônias, ao mesmo tempo em que empurrava os países do Leste Europeu para o mercado mundial. Com raras exceções, o sistema do mercado global é marcado pelo desaparecimento da indústria nacional voltada ao mercado doméstico,

---

198 Idem, ibidem, p. 20.

pela abolição das estruturas de comércio regional e pelo desmantelamento da base industrial.

A compressão dos padrões de vida nesses países foi, nos anos 1980, consideravelmente maior que a sentida pelos países ricos nos anos 1930. A globalização da pobreza, no final do século XX, não tem precedentes e não se deve à escassez de recursos humanos e materiais, mas a um sistema global de oferta excessiva nutrido pelo desemprego e pela minimização do preço da mão de obra em todo o mundo.

A comunidade mundial deve reconhecer o fracasso do neoliberalismo. Com o aprofundamento da crise, há cada vez menos vias políticas disponíveis. A ruína financeira mundial somente pode ser contida por reformas econômicas e sociais fundamentais. Há a necessidade de novas regras de comércio mundial e do desenvolvimento de uma política macroeconômica expansionista voltada para a diminuição da pobreza e a geração de empregos.

Embora não haja "soluções técnicas" para a crise, é indispensável a "reapropriação da política monetária" pela sociedade, tirando o Banco Central das garras dos credores privados. Essa luta deve abranger todos os setores da sociedade, em todos os níveis e em todos os países. É necessária uma grande investida, unindo os movimentos sociais em torno de um objetivo e de um compromisso comuns para a eliminação da pobreza e uma duradoura paz mundial.[199]

Os programas de estabilização macroeconômica impostos pelo FMI e pelo Banco Mundial aos países em desenvolvimento, como condição de renegociação da dívida externa, têm levado, desde os anos 1980, centenas de milhões de pessoas ao empobrecimento. O programa de ajuste estrutural (PAE) tem contribuído para desestabilizar moedas nacionais e arruinar as economias desses países.

---

199 Idem, ibidem, p. 21-3.

O poder de compra interno caiu vertiginosamente, houve aumento da fome, fechamento de hospitais e escolas, foi negado a milhões de crianças o seu direito à educação primária. Ressurgiram doenças infecciosas, entre elas a tuberculose, a malária e a cólera. Embora o Banco Mundial tenha por objetivo combater a pobreza e proteger o meio ambiente, o fomento de projetos hidrelétricos e agroindustriais em grande escala tem contribuído para um acelerado processo de desmatamento, destruindo o meio ambiente e causando o deslocamento forçado de milhões de pessoas.

O Programa de Ajuste Estrutural (PAE) também tem sido aplicado em países desenvolvidos desde a década de 1990. Neles tendem a ser menos cruéis, mas atendem os mesmos interesses financeiros globais. O monetarismo é aplicado em escala mundial, tendo por consequência o desemprego, os baixos salários e a marginalização de amplos setores da população. Há o corte de gastos sociais e o cancelamento de benefícios na área do bem-estar social. Políticas estatais têm destruído pequenas e médias empresas. Os baixos níveis de consumo de alimentos e a desnutrição estão atingindo também os pobres das cidades.

Há farta documentação sobre os efeitos negativos do ajuste estrutural, inclusive sobre a derrogação dos direitos sociais das mulheres e os impactos ambientais. Não se vislumbra uma mudança de direção da política. Pelo contrário, desde os fins dos anos 1980, as prescrições de FMI-Banco Mundial, impostas em nome da "diminuição da pobreza" têm se tornado cada vez mais severas.

No sul, no norte e no leste há acúmulo de riquezas nas mãos de uma minoria social privilegiada, em prejuízo da grande maioria da população. A nova ordem financeira internacional é nutrida pela pobreza humana e pela destruição do meio ambiente. Ela estimula o racismo e os conflitos étnicos, solapa os direitos das mulheres e frequentemente leva a confrontos entre nacionalidades. As reformas, que são aplicadas simultaneamente em mais de cem países, levam a uma globalização da pobreza, processo que aniquila a subsistência humana e destrói a sociedade no sul, no leste e no norte.

O cardápio de austeridade orçamentária, desvalorização, liberalização do comércio e privatização é aplicado ao mesmo tempo em mais de cem países devedores, que perdem a soberania econômica e o controle sobre a política monetária e fiscal interna. O Banco Central e o Ministério da Fazenda são reorganizados, instalando-se uma "tutela econômica". As instituições financeiras internacionais estabelecem um governo paralelo, que passa por cima da sociedade civil. Países que não aceitam as metas de desempenho impostas pelo FMI passam a figurar em uma "lista negra".

A situação das populações empobrecidas nos países em desenvolvimento é de desespero social e de falta de perspectivas. Manifestações populares contra o PAE são violentamente reprimidas.

O ajuste estrutural conduz, pela manipulação das forças de mercado, a um autêntico "genocídio econômico", de impactos sociais devastadores. Os PAEs atingem a subsistência de mais de quatro bilhões de pessoas, e sua aplicação nos países devedores favorece uma internacionalização da política macroeconômica, sob controle direto do FMI e do Banco Mundial, que atuam em nome de interesses políticos e financeiros. Trata-se de verdadeiro "colonialismo de mercado". Nega-se aos países em desenvolvimento suas reservas de mão de obra barata e de recursos naturais.

Em muitos países endividados do Terceiro Mundo, o valor real dos salários declinou mais de 60% desde o começo dos anos 1990, sendo mais crítica ainda a situação do setor informal e do desemprego.

As disparidades sociais e de renda têm aumentado, mas os dados das estatísticas de renda são manipulados, ocorrendo grosseira distorção a respeito da realidade da pobreza mundial.[200]

---

200 Idem, ibidem, p. 26-31.

4.6 O ASSALTO À DEMOCRACIA E AO BEM-ESTAR SOCIAL

Do livro de Hans-Peter Martin e Harald Schumann,[201] subtraio vários argumentos.

A explicação de economistas e políticos para o tamanho do declínio no nível de emprego no final do século XX está na globalização. Alta tecnologia nas telecomunicações, preços baixos no transporte e comércio livre sem limites transformam o mundo num único mercado, criando duras condições de concorrência global, inclusive no mercado de trabalho. Novos postos de trabalho são criados apenas em países baratos. Há o nivelamento por baixo. A ordem é apertar o cinto. Trabalhar mais, ganhar menos, tirar menos férias, não faltar por doença, são exemplos que o mundo ocidental procura retirar da cultura asiática. O Estado do bem-estar social teria se tornado uma "ameaça futura"; é inevitável uma maior disparidade social.

A defesa da redução de salário em caso de doença ou suspensão das leis que protegem o trabalhador da demissão não se constitui em meros cortes, habituais em tempos de crise, mas cortes drásticos no quadro de conquistas sociais, com diminuição de ganhos apesar do aumento de produtividade.

Os reformadores da era da globalização vão além de um mero gerenciamento da crise. O que eles pretendem é uma rescisão do pacto entre governo e sociedade que mantinha a disparidade social em limites suportáveis, mediante redistribuição de renda de cima para baixo. O modelo europeu de bem-estar social é muito caro, estando, portanto, superado.

Os grupos empresariais alemães praticamente não criam novos empregos no exterior, mas compram empreendimentos locais para depois reduzir o quadro de pessoal e atender aos mercados regionais.

---

201 *A armadilha da globalização*: o assalto à democracia e ao bem-estar social, p. 7-22.

Quarenta mil empresas transnacionais se aproveitam da rivalidade existente entre os seus empregados e entre Estados. Essas rivalidades consistem em renúncia a tributos durante anos com o fim de atrair investimentos produtivos, preço menor por hora de trabalho de um empregado especializado, menor tributação de ganhos de capital e outros.

Esse movimento global de pressões, que os autores chamam de nova "Internacional do Capital", afeta Estados inteiros, corroendo a ordem social vigente até então. Com a ameaça de fuga de capitais, consegue-se forçar drásticas reduções de tributos, bem como favorecer-se de bilhões em subvenções ou infraestrutura gratuita.

Pode-se, ainda, por meio de um habilidoso planejamento contábil, declarar lucros somente em países em que a alíquota de impostos seja realmente mínima. Cai o financiamento das metas sociais do governo. Os manipuladores dos fluxos mundiais de capital achatam o nível de remuneração dos contribuintes de impostos. Diminui em proporções mundiais a participação dos assalariados na riqueza social.

Enquanto as cotações nas bolsas dos grandes conglomerados sobem, os salários descem. O desemprego aumenta em paralelo com os *deficits* públicos.

A interdependência econômica não pode ser tratada como um fenômeno natural, resultante de um progresso técnico e econômico impossível de deter. Ela é um fenômeno provocado por uma política deliberada, consciente de suas metas. Barreiras alfandegárias, liberação do comércio de divisas, acordos com o Gatt sobre tarifas e comércio internacional foram aprovados por governos e seus parlamentos. Os políticos dos países industrializados do Ocidente criaram condições com as quais já não sabem lidar.

A integração global é acompanhada da ascensão, no decorrer da década de 1980, do neoliberalismo, cujo dogma é a liberalidade na economia.

Na luta pela liberdade do capital, governos crentes na economia de mercado e organizações por eles orientadas, como o Banco Mundial, o FMI e a OMC, utilizam-se das armas estratégicas da desregulamentação no lugar do controle pelo Estado, da liberalização do comércio e do fluxo de capitais e da privatização das empresas estatais.

A velocidade com que o poder e a riqueza são redistribuídos provoca a corrosão de velhas instituições sociais antes que a nova ordem as possa desenvolver.

Para centenas de milhões de pessoas no mundo, o progresso global inexiste. Uma minoria de vencedores se separa da maioria dos fracassados. Para essas pessoas, o lema adotado pelo G-7, por ocasião de seu encontro em Lyon, em junho de 1996, "fazer da globalização um sucesso que beneficie a todos" soa como um escárnio.

Somente teóricos ingênuos ou políticos míopes podem acreditar que é possível privar milhões de pessoas de seus empregos e do seguro social sem algum dia ter de pagar, por isso, um preço político. Os perdedores no processo da globalização têm voz e voto e saberão usá-las. Ao terremoto social seguirá o terremoto político.

Os políticos, ao culpar a concorrência estrangeira, abrirão o caminho ao ódio contra tudo o que é estrangeiro. A insegurança faz com que, há algum tempo, milhões de cidadãos da classe média procurem a salvação na xenofobia, no separatismo e na rejeição ao mercado global. Os que foram excluídos passam a excluir outros. Os separatistas voltam-se contra o centralismo do Estado e o socorro financeiro prestado às regiões pobres de seus países. Ao mesmo tempo, no mundo inteiro, uma massa de migrantes procura fugir da miséria.

A corrida mundial por máxima eficiência e mínimos salários está abrindo as portas do poder à irracionalidade. Não são os realmente miseráveis que se rebelam, mas sim aqueles que temem o rebaixamento social e que constituem uma força política explosiva. Não é a pobreza que ameaça a democracia, mas o pavor dela.

A tarefa dos líderes democráticos no século XXI é restabelecer a prevalência da política sobre a economia.

4.7 O IMPACTO DA GLOBALIZAÇÃO E A FRAGMENTAÇÃO GLOBAL

Ainda explorando o dito por Hans-Peter Martin[202] em parceria com Harald Schumann, já citados, resumidos em tópicos.

O mundo se torna um só. O poder de sedução das imagens de televisão está influenciando ianomâmis, a juventude do Butão e jovens do mais distante leste da Rússia.

Se hoje a humanidade precisasse votar num estilo de vida mundial, isso já seria possível, pois mais de quinhentos satélites ativos cobrem toda a superfície da Terra com os seus sinais. Mesmo em regiões desprovidas de energia elétrica, antenas parabólicas e coletores de energia solar tiram as pessoas de sua vida de aldeia, mergulhando-as em dimensões planetárias.

Ninguém consegue controlar o ar de seu território. Nunca tantas pessoas ouviram e souberam tanto sobre o resto do mundo.

Mas o mundo se desintegra. Enquanto algumas cidades dos países em desenvolvimento são fortalezas da economia global, a maior parte do mundo está em mutação para um planeta de megametrópoles com megafavelas, onde as multidões mal podem sobreviver. A cada semana a população mundial cresce 1 milhão de pessoas. François Mitterand[203] alertou-nos, em 1995, para o fato de que, simultaneamente, cresce uma indiferença presunçosa em relação aos países subdesenvolvidos,

---

202 Idem, ibidem, p. 23-60.
203 Apud idem, ibidem, p. 39.

que é demonstrada pela falta de interesse em ajudá-los. Cada país cuida somente "do seu quintal".

As dotações dos países industrializados para aqueles em desenvolvimento têm diminuído sem cessar.

As dívidas dos países em desenvolvimento crescem incessantemente, embora os governos dos países do norte tenham feito repetidas promessas de diminuição dos juros.

A sociedade continua dividindo-se economicamente, tornando as pessoas inseguras e levando-as a procurar a salvação política cada vez mais em confinamento e segregação. Dezenas de novos Estados inseriram-se nos mapas nesses últimos anos. Italianos e suíços lutam por sua identidade, a unidade nacional está em jogo. O Canadá e a Bélgica estão sendo paralisados pelas lutas de grupos linguísticos. Nos Estados Unidos, milhões de jovens de segunda e terceira gerações de imigrantes hispânicos rejeitam o idioma inglês. "O tribalismo acentua-se por todos os lados, redundando em nacionalismo brutal ou chauvinismo regional".[201]

Diferentemente das guerras tradicionais do século XIX e do início do século XX, a maioria das guerras, hoje, são guerras civis. Os conflitos dentro dos limites nacionais têm recebido pouca atenção internacional. No entanto, só na África, após o fim do *apartheid*, 17 mil pessoas morreram em atrocidades. A comunidade internacional reage com desastrosos mecanismos de repressão à tragédia no continente africano, que já é considerado por muitos um continente perdido.

Noventa e cinco por cento do crescimento populacional do mundo concentra-se nas regiões mais pobres. Em vista disso, é de se perguntar: de qual natureza serão as próximas guerras e quem lutará contra quem? Dos 22 Estados árabes em 1994, dezessete anunciaram uma redução de sua capacidade econômica, sendo que, provavelmente, a população desses Estados duplicará em vinte anos. A água se tornará escassa em regiões como Ásia Central, Arábia Saudita, Egito e Etiópia. E, nesse contexto, o islamismo, com a sua luta em prol dos oprimidos, torna-se um atrativo. É a religião que mais cresce e a única disposta à luta.

Samuel P. Huntington,[204] professor de Harvard, em ensaio que publicou em 1993 na revista *Foreign Affairs*, é da opinião de que os conflitos entre as civilizações serão determinados no futuro por razões de ordem religiosa e cultural, e não mais por razões sociais ou motivos políticos. O Professor de Harvard prevê que o Ocidente democrático colidirá com o restante do mundo com uma aliança de teocratas e déspotas, eventualmente apoiados por países asiáticos de salários rebaixados.

4.8 O PODERIO MUNDIAL DO TRIGO

Atualmente, o World Agricultural Outlook Board americano já está em condições de avaliar as previsões de safra e de consumo de mais de cem países. Nas bolsas interligadas por computadores, as suas previsões determinam o destino de inúmeros agroindustriais e comerciantes de matéria-prima.

Essas estatísticas poderão levar a sérios conflitos políticos, e alguns países precisarão usar todas as vantagens na luta por alimentos. Em 1995, as reservas de trigo, arroz, milho e outros cereais chegaram ao nível mais baixo em duas décadas. A humanidade precisará ajustar-se a uma diminuição constante dos alimentos disponíveis por pessoa. Uma enorme revolução verde se faz necessária para reverter o quadro atual, porque, apesar da tecnologia genética, do aperfeiçoamento de sementes e das técnicas de adubação, não se pode contar com um aumento de produção suficientemente grande para manter baixos os preços do trigo.

---

204 Apud idem, ibidem, p. 43.

No seu salto para a industrialização, países asiáticos como Japão, Coreia do Sul e Taiwan sacrificaram, na década de 1960, 40% de sua área de cultivo de trigo, construindo, no seu lugar, milhares de fábricas, cidades e ruas. A China e a Índia também estão destruindo, em larga escala, regiões de cultivo para dar lugar às indústrias de automóveis e outros bens. As terras inaproveitadas neste planeta ainda serão muitas, mas não poderão substituir as antigas plantações, pois as suas superfícies já sofreram demasiadamente com a erosão e se encontram em regiões excessivamente áridas e frias, fazendo com que qualquer cultivo se torne antieconômico.

Pacientemente, os atacadistas de cereais, não se satisfazendo com os aumentos de preços de quase 60%, já ocorridos entre maio de 1995 e maio de 1996, aguardam novas altas nas bolsas. Tamanhos aumentos custarão, principalmente aos países pobres, despesas adicionais de US$ 3 milhões, segundo cálculos da Organização para Alimentação e Agricultura (FAO), órgão da ONU.

Atualmente, a metade dos 200 milhões de toneladas de grãos exportados é produzida pelos Estados Unidos, o que significa que, mesmo no setor de produtos alimentícios, futuramente, os Estados Unidos serão a maior potência, podendo-se, por isso, prever abusos no controle de alimentos, como forma de pressão.

Na opinião do ex-Ministro da Cultura francês Jack Lang, a globalização não representa somente "imperialismo cultural americano" no setor de lazer, mas, como "superpotência da cultura das massas", os Estados Unidos não só determinarão o circo, mas também distribuirão o pão.[205]

A Comunidade Europeia decretou uma taxa adicional sobre a sua exportação de trigo com o fim de frear o volume de escoamento do produto para o mercado internacional. Ao deixar de subvencionar as

---

205 Apud idem, ibidem, p. 58.

suas exportações de excedentes, para encarecê-las com impostos, fatalmente provocará um maior aperto no exterior.

E a luta entre enriquecer ou continuar pobre?

Enriquecer pelo trabalho parece uma história sem sentido para os camponeses, lavradores, roceiros e todos os demais jovens pobres do mundo. O sonho de uma Alemanha ou Califórnia, para aqueles que nada possuem, acabou?

A desigualdade global mostra os seus efeitos. A nova geração, sedenta de vida e influenciada pelas imagens de televisão, prepara-se para a migração em massa para as terras prometidas. Há mais de um século, a Europa exportou seu excedente populacional de pobres para outros continentes. Também hoje a pobreza tem aumentado em países da União Europeia. Seria o momento para uma nova migração. Em vez disso, pessoas em situação pior tentam cruzar clandestinamente as fronteiras entre o México e os Estados Unidos ou cruzam o Mediterrâneo em direção à Europa, na ânsia de conseguir algum emprego.

Nem a recusa de visto de permanência ou de permissão de trabalho tem freado aqueles que, às vezes em pequenos barcos à vela, cruzam o Estreito de Gilbraltar para, em poucas horas, cruzar a distância entre a pobreza e a riqueza.

4.9 O DESEMPREGO E AS NOVAS MULTINACIONAIS

Ainda de Hans-Peter Martin e Harald Schumann,[206] sumarizo. O desenvolvimento de produtos, compras e comercialização *on-line* evita qualquer trabalho em duplicata. São economizadas despesas na ordem de bilhões ao mesmo tempo em que, provavelmente, centenas de gerentes, engenheiros e vendedores perdem os seus empregos.

---

206 Idem, ibidem, p. 61-125.

Em todos os setores e profissões, o mundo do trabalho passa por uma revolução que não poupa quase ninguém. Políticos e economistas procuram vagas de substituição para os "empregos de macacão", que estão desaparecendo das linhas de montagem. O temor de perder o emprego também avança pelos escritórios comerciais e abrange setores da economia antes seguros. Cargos vitalícios passam a ser temporários. Quem antes tinha uma profissão de futuro poderá vir a perceber que os seus conhecimentos estão defasados e que suas aptidões perderam o valor. As mudanças são sentidas tanto nos setores bancários e de seguradoras quanto nos setores têxteis.

O número necessário de funcionários especializados, cujo aperfeiçoamento exige um dispendioso treinamento, será cada vez menor.

Um estudo da firma de consultoria Cooper & Lybrand[207] sobre os cinquenta maiores bancos do mundo prevê que a metade dos funcionários perderá o seu emprego nos próximos dez anos. Aplicado ao sistema financeiro alemão, esse prognóstico significa a perda de meio milhão de empregos bem remunerados.

O que está acontecendo com os bancos já atingiu em cheio a indústria de *software*. Grande parte dos 30 mil jovens alemães que em 1996 estudavam informática terá poucas chances de um emprego seguro. Em poucos setores a defasagem de conhecimentos é tão acelerada.

Empresas especializadas, como IBM, Hewlett-Packard e Motorola passaram a contratar especialistas na Índia, por ordenados baixos. Esse plano para economizar era chamado de *brain shopping,* ou seja, compra de cérebros.

Diante dos protestos dos peritos locais em *software* e do governo, que negava ou dificultava vistos de permanência, a saída encontrada foi a transferência de partes importantes de projetos diretamente

---

207 Apud idem, ibidem, p. 141.

para a Índia. A infraestrutura necessária foi cedida quase gratuitamente: desde distritos industriais urbanizados e amplos laboratórios com ar-condicionado até conexão por satélite, em dez regiões diferentes. Os fabricantes mencionados foram seguidos por grandes empresas (Siemens, Compac, Texas Instruments, Toshiba e Microsoft), que mantêm filiais na "Cidade Eletrônica", localizada perto de Bangladesh, ou terceirizam trabalhos de desenvolvimento de produtos, encomendando-os às subempresas indianas locais.

O motivo da expansão para a Índia é o de sempre: os colaboradores têm formação acadêmica em universidades de língua inglesa, têm ótima qualificação e custam uma fração de seus colegas americanos e europeus.

Desde 1990, a Rússia e a Europa Oriental têm participado da disputa. Lá, as condições ainda são mais vantajosas do que na Índia.

Para as empresas, essa situação poderá ficar melhor ainda, pois com módulos prontos de *software* e novas linguagens de programação, futuramente um programador poderá executar o que hoje está sendo feito por cem.

Com o sacrifício de milhões em prol do mercado global, por meio de remanejamentos, simplificações, cortes e demissões, a economia da alta produção e alta tecnologia consome trabalho da sociedade do bem-estar social e dispensa seus consumidores.

Onde quer que os bens ou serviços possam ser alvos de livre negociação, por cima das fronteiras nacionais, a mão de obra sofre os efeitos da racionalização e desvalorização.

Ainda não é possível vislumbrar o fim do processo. Com base em estudos feitos pelo Banco Mundial, pela OCDE e pelo McKinsey Global Institute,[208] pode-se chegar à conclusão de que mais de 15 milhões de

---

208 Apud idem, ibidem, p. 146.

operários empregados poderão vir a perder os seus empregos integrais nos próximos anos. Alguns empregos serão substituídos por atividades autônomas, trabalho em meio período ou serviços temporários por empreitadas e outros, com remuneração bem inferior.

A incerteza quanto ao futuro se alastra, o tecido social se rompe. Governos e diretorias de multinacionais rejeitam essa responsabilidade, afirmando que a onda de desemprego seria consequência inevitável da mudança de estrutura. Mas a integração econômica por meio de todas as fronteiras não obedece a uma lei natural ou a um desenvolvimento linear. É, isto sim, o resultado de uma política governamental, conscientemente praticada por décadas e na qual insistem os países pela liberdade do capital.

4.10 ASCENSÃO E QUEDA DA GLOBALIZAÇÃO

O título desta subunidade foi inspirado no livro de John Micklethwait e Adrian Wooldridge,[209] do qual foram extraídos os dados que compõem esta parte, que corresponde ao sucesso e ao declínio da globalização.

Dizem os autores que, sob a perspectiva de Keynes,[210] a Inglaterra era o motor do sistema de livre comércio que se difundia para áreas cada vez mais extensas do planeta. Recentemente, vários economistas demonstraram que a ideia segundo a qual a economia mundial era "mais global" há um século do que hoje é um tanto falsa.

Atualmente, o comércio de serviços é muito mais intenso do que há um século, há muito mais transações entre empresas multinacionais, e os mercados de capitais são muito mais amplos. No entanto, já àquela época, era impressionante o grau de integração existente: os

---

209 *O futuro perfeito*, p. 33.
210 Idem, ibidem, p. 35-6.

movimentos de capitais e as transferências de lucros em boa parte não sofriam restrições; os governos exerciam pouca influência sobre a distribuição de riqueza; o padrão-ouro proporcionava a todo o mundo industrial e a boa parte do mundo em desenvolvimento um meio de troca sem atrito. Em 1913, o estoque total de investimentos estrangeiros de longo prazo já atingia US$ 44 bilhões, e quase 60% dos títulos negociados em Londres eram de procedência estrangeira.

Sob um aspecto vital, o mundo era provavelmente mais integrado do que hoje: a movimentação de pessoas. Os imigrantes obtinham cidadania sem maiores dificuldades, e as pessoas movimentavam-se entre os países sem os incômodos de um passaporte, para não falar em licença de trabalho.

Os Estados Unidos admitiam a entrada de qualquer pessoa que não fosse prostituta, condenado, demente e, depois de 1882, chinês. O país atraiu cerca de dois terços dos 36 milhões de imigrantes europeus nos 50 anos antes da Primeira Guerra Mundial, que, em geral, partiam em busca de áreas de terra mais barata (multidões ainda maiores se deslocavam de uma para outra parte da Ásia, embora muitas delas fossem de trabalhadores sem qualificação, contratados por tempo determinado).

Falando de Keynes,[211] resumo seu escrito sob o título "Três vozes".

Compreende-se melhor a história da globalização ao se comparar a descrição de Keynes sobre o mundo antes de 1914 com a experiência de muitos sobre o mundo de hoje: concluímos um ciclo completo. Mais uma vez o capital circula pelo mundo com grande facilidade. Os gestores de fundos compram e vendem ações com relativa impunidade, não obstante alguns lamentos sobre problemas de assentamentos em Sri Lanka. Milhões de europeus redescobriram as alegrias de viajar sem passaporte, desfrutando as comodidades da moeda única. Os tu-

---

211 Idem, ibidem, p. 37-9.

ristas americanos parecem tão empolgados ao entrar a bordo do trem Eurostar, de Londres a Paris, quanto Keynes ao embarcar nos trens italianos.

Tal interpretação seria absolutamente exata e em perfeita sintonia com o atual sentimento de que a globalização é força irreversível. No entanto, também vale mencionar que, nesse ínterim, houve duas guerras mundiais, a difusão do comunismo, a grande depressão, a guerra fria interminável, várias grandes recessões, incontáveis guerras comerciais, a nacionalização de boa parte das maiores indústrias do mundo e numerosas outras provas de que o internacionalismo não chegou exatamente a arrebatar o comportamento do público. Evidentemente, é possível descartar todas essas aberrações, mas setenta anos de anomalias é muita coisa. E tais distorções não foram o produto artesanal de demagogos ignorantes. Durante todo o século XX, muitas foram as ocasiões em que os intelectuais mais talentosos se voltaram contra a globalização.

Ninguém ilustra melhor essa afirmação do que Keynes. Defensor implacável do livre-comércio antes da Primeira Guerra Mundial, aderiu ao protecionismo em fins da década de 1920 e depois, cautelosamente, voltou a abraçar a globalização durante a Segunda Guerra Mundial. Mesmo após sua morte, em 1948, o "keynesianismo" (doutrina que, para sermos justos, nem sempre refletiu seu pensamento) foi a lógica predominante em todo o mundo, nem sempre destacando-se pela posição favorável à globalização.

As "Três vozes" referidas, que conheceram bem Keynes, são de: Sydney e Beatrice Webb, que o incendiaram pela esquerda, e Friedrich A. von Hayek, que o atacou (e finalmente o sobrepujou) pela direita.

Ao nos concentrarmos nesses homens e mulheres de ideias, não pretendemos reduzir a história a uma série de narrativas sobre a vida intelectual nos salões de Londres. A ascensão e queda da globalização, como veremos, envolve objetos reais, como bidês, botas militares, Trabants e o detestável substituto indiano da Coca-Cola. Mas as ideias, insistimos, também foram cruciais.

O exemplo óbvio é Karl Marx, que pretendia substituir a globalização capitalista por sua versão comunista. Contudo, a desmedida enormidade do marxismo não deve obscurecer debates mais sutis que se desenrolaram entre pensadores reunidos na Inglaterra na primeira metade do século.

Uma das ironias do século XX é que, apesar de seu declínio gradual, a Grã-Bretanha parece ter exercido influência desproporcional sobre os períodos mais cruciais da globalização. E abaixo da superfície jazem um ensinamento e uma advertência. O ensinamento é que nossa época não é tão singular quanto supomos: a maioria dos problemas que hoje nos preocupa também mobilizou gerações passadas. A advertência é que a globalização não é um processo de mão única: já retrocedemos no passado e é possível que o mesmo se repita no futuro.[212]

4.11 OS EFEITOS DA GLOBALIZAÇÃO

Sobre a globalização, escreve Bernardo de Andrade Carvalho,[213] referindo-se a Eduardo Gianetti da Fonseca,[214] para quem a globalização resulta da conjugação de três fatores:

> 1º. A Terceira Revolução Tecnológica (tecnologias ligadas a busca, processamento, difusão e transmissão de informações; inteligência artificial; engenharia genética);

---

212 Idem, ibidem, p. 38-9.
213 *A globalização em xeque*: incertezas para o século XXI, p. 5.
214 Apud idem, ibidem, p. 5, 16-17.

2°. A formação de áreas de livre comércio e blocos econômicos integrados (*e.g.,* Mercosul, União Europeia e Nafta);

3°. A crescente interligação e interdependência dos mercados físicos e financeiros, em escala mundial.

A se acrescentar: *a)* colapso do comunismo soviético e abertura da economia (lançam no mercado mundial mais de 2,5 bilhões de pessoas); *b)* a emergência do leste asiático como potência econômica; *c)* o barateamento do custo dos transportes (torna menos importante o lugar onde algo é produzido).

A combinação de todos esses fatores modifica radicalmente o funcionamento da economia mundial.

Há críticas importantes no mundo sobre o fenômeno da globalização:

- Para Kenichi Ohmae (diretor administrativo da McKinsey & Company – transnacional de consultoria):[215] os governos não devem tentar manter seu papel de administradores das economias nacionais. A "era global", benéfica a todos, acabaria com o "Estado-nação" e traria um governo global.
- Ignácio Ramonet (diretor do *Le Monde Diplomatique* – jornal francês)[216] chama de globalitários os regimes que aplicam a globalização radical. Afirma que a globalização ameaça a democracia.
- William Greider (jornalista americano)[217] afirma que o mundo pode entrar em colapso caso não haja um controle sobre os capitais e as finanças globais.

---

215 Apud idem, ibidem, p. 5.
216 Apud idem, ibidem, p. 5.
217 Apud idem, ibidem, p. 5.

As críticas esboçadas, por homens sem dúvida de apreciáveis qualificações, não demovem este autor de sua linha de pensamento. Entender como Kenichi Ohmae, que os governos não devem tentar manter seu papel de administradores das economias nacionais em razão de que a globalização traria um governo global, seria abdicar dos princípios fundamentais da nossa República. Estaria ameaçada, principalmente, a soberania.

Com razão a exposição de Ignácio Ramonet ao dizer que a globalização ameaça a democracia.

Por fim, aplausos a William Greider, que afirma que o mundo pode entrar em colapso caso não haja um controle sobre os capitais e as finanças globais. Efetivamente, ao longo deste escrito, o que se propugna são medidas no âmbito do direito internacional no sentido do controle dos capitais que, mercê de programas em relação aos quais não se tem a certeza de sua exatidão, exaurem os Estados em suas rendas.

As transnacionais visam, simultaneamente, a dois objetivos: implantar-se rapidamente num mercado estrangeiro e diminuir os seus gastos. Em vez de construírem fábricas ou firmarem acordos de licença, dão preferência a fusões ou aquisições, criação de sociedades conjuntas (*joint ventures*) e alianças entre grupos. Isso permite a concentração da pesquisa, o rebaixamento dos custos, a integração de sistemas operacionais, bem como a combinação de vantagens.

A internacionalização das empresas não significa o mesmo que a transferência de atividades essenciais. Enquanto são transferidos os setores de produção e distribuição, os setores de pesquisa, concepção e desenvolvimento de novos produtos, e a estratégia financeira são cuidadosamente mantidos no país de origem.

Os países industrializados têm se preocupado com um fenômeno chamado "corrida para o fundo", pois, ao transferir parte da produção para filiais em países com baixos custos salariais, as transnacionais promoveriam o desemprego em nações como os Estados Unidos ou a Alemanha. Há também a preocupação com o rebaixamento das condições de trabalho.

Eduardo Gianetti da Fonseca,[218] já citado, oferece exemplos fornecidos pelo americano David C. Korten (ex-professor de Harvard) em seu livro *Quando as corporações regem o mundo*. Entre eles:

> Na Índia, mais de 300 mil crianças produzem tapetes que depois são vendidos nos países ricos. Muitas são espancadas, marcadas com ferro em brasa e trabalham de 14 a 16 horas por dia, sete dias por semana. Recebem pouco ou nada. Em defesa própria, os fabricantes locais afirmam que são obrigados a utilizar-se da mão de obra infantil para enfrentar a competição de outros fabricantes de tapetes do Paquistão, Nepal e Marrocos, que também empregam crianças.
>
> Na China, onde acidentes de trabalho são muito comuns, em certas fábricas os trabalhadores são castigados, surrados, despidos para revista e até proibidos de ir ao banheiro durante o expediente.
>
> Em Honduras, uma transnacional do setor têxtil, com sede nos Estados Unidos, trancava as funcionárias adultas e meninas de 12 a 13 anos em uma fábrica na qual a temperatura chegava a 40°C e não havia água limpa para beber. A jornada semanal era de 54 horas e valia um salário pouco maior que 20 dólares. Quem tentasse organizar um sindicato era demitido.
>
> Em 1993, na Tailândia, uma fábrica que produzia brinquedos para o mercado americano incendiou-se. No local trabalhavam três mil mulheres – algumas de 13 anos de idade – e alguns homens. O prédio não tinha segurança, e a maioria das janelas e as portas princi-

---

218 Apud idem, ibidem, p. 17.

pais ficavam trancadas para evitar roubos pelos funcionários. A tragédia deixou 188 mortos e 469 feridos, e suspeita-se de que muitos outros corpos desapareceram incinerados.

Nos países desenvolvidos, o impacto pode ser notado, por exemplo, pelas oficinas de vestuário em São Francisco. A maioria é pequena e sem janelas. As jornadas de trabalho são de 12 horas diárias; há somente uma pausa para o almoço. Não é permitido aos trabalhadores falar uns com os outros e ir ao banheiro. As seiscentas costureiras do setor aceitam as condições de trabalho, pois sabem que, se não, a produção será levada para o exterior, deixando-as desempregadas.

Durante uma investigação no setor de confecções no protetorado americano de Saipan, no Pacífico, constataram-se condições de trabalho semelhantes à servidão. Os passaportes dos trabalhadores haviam sido confiscados, a jornada semanal era de 84 horas e os salários situavam-se abaixo do mínimo.

A cada dia que passa, torna-se mais difícil conseguir contratos com grandes redes de varejo sem contratar mão de obra infantil e enganar os trabalhadores no pagamento de horas extras. As cotas impostas são altas, as instalações fabris, inseguras. Se um contratante não proceder assim, seus preços não serão competitivos. Centenas de milhões de pessoas estão desesperadas por qualquer tipo de emprego; sempre haverá competidores dispostos a trabalhar por salário mais baixo. As corporações centrais fecham os olhos para as irregularidades e afirmam que não são responsáveis pelas condições de seus contratantes.

A migração de empregos não atinge somente os trabalhadores menos qualificados. A Boeing, maior fabricante mundial de aeronaves, eliminou, desde 1995, 50 mil empregos. Ao mesmo tempo, os lucros cresciam. A empresa havia transferido tecnologia e parte da produção para a China e depois para o Japão e a Coreia.

O Centro Tecnológico de Bangalore, Índia, tem atraído cada vez mais empresas transnacionais, pois indianos são excelentes em informática, falam inglês e custam pouco.

Ao promover um rebaixamento global de salários, as transnacionais cavariam a própria sepultura. Ao produzir desordenadamente e de forma competitiva, a produção aumentaria, mas os consumidores estariam cada vez mais pobres, não podendo adquirir os produtos. O capitalismo caminharia para o colapso por excesso de oferta, ou, segundo os seus defensores, haveria a capacidade de autocorreção?

Particularmente, os trabalhadores menos qualificados das nações ricas sofrerão os efeitos da concorrência de países pobres. A importância do problema é relativa, pois o fator "mão de obra barata" não é o único que leva as transnacionais a se estabelecerem num país. Há a expectativa de lucros e o crescimento de mercado, que fazem com que uma transnacional queira estabelecer-se num mercado promissor. É uma questão estratégica. No caso de sobrevirem medidas protecionistas, as transnacionais já estariam estabelecidas. A maioria dos investimentos é feita entre os países ricos.

Na obra *A mundialização do capital*, François Chesnais, também citado por Eduardo Gianetti da Fonseca,[219] observou que o investimento externo direto caracteriza-se pela alta concentração dentro dos países adiantados, especialmente Europa, Estados Unidos e Japão, e seus blocos regionais. Isso ocorreu às custas de países em desenvolvimento. O movimento da mundialização é excludente. Com exceção de poucos países industrializados que atingiram, antes de 1980, um desenvolvimento industrial que lhes permite introduzir mudanças na produtividade do trabalho, mantendo a sua competitividade, está em curso uma tendência à marginalização dos países em desenvolvimento. Vejo

---

219 Apud idem, ibidem, p. 23.

como advertência séria o exposto nesta unidade "Os efeitos da globalização".

Uma das funções da globalização é tornar menos importante o lugar onde algo é produzido, confirmando que o papel das multinacionais instaladas nos países periféricos é produzir da forma mais barata possível, não importando a que sacrifícios estariam expostos os povos desses países.

Se os governos não devem tentar manter seu papel de administradores das economias nacionais, em razão de que a "era global" acabaria com o Estado-nação para dar lugar a um governo global, com certeza tais países estariam abdicando de sua soberania.

A globalização ameaça a democracia. O mundo pode entrar em colapso caso não haja um controle sobre os capitais e as finanças globais.

A globalização, a não ser que se a planeje com mecanismos possíveis do direito internacional, de forma a dar o necessário realce aos direitos humanos, fadará ao desmilingue as nações carentes de recursos para a implementação de seus projetos sociais.

5
O Brasil e a globalização

5.1 Globalização e soberania 193
5.2 Amazônia e conscientização ecológica 197
5.3 Os efeitos sociais da globalização 199
5.4 Capital estrangeiro e capital nacional 200
5.5 Comércio exterior (política e acaso) 201
5.6 Venda internacional de mercadorias 202
5.7 Os efeitos na concorrência com as empresas nacionais 204

5.1 GLOBALIZAÇÃO E SOBERANIA

Maria Ioannis Baganha[220,221] traz-nos a melhor contribuição entre muitas sobre o conflito que ocorre entre a aceitação da globalização e a ameaça à soberania.

Refere-se Baganha à posição de A. Giddens e outros autores os quais consideram que o poder disruptivo da globalização acabou com a era dos Estados-nação. Esses autores definem a globalização como

---

220 SANTOS, Boaventura de Souza (org.). *A globalização e as ciências sociais*, p. 136 e seguintes.
221 Professora da Faculdade de Economia da Universidade de Coimbra e Diretora Executiva do Centro de Estudos Sociais.

uma nova fase de expansão capitalista, marcada pelo crescente domínio das grandes empresas multinacionais, do sistema financeiro e do mercado de capitais sobre o poder político.

Importante o destaque que dá Baganha a alguns autores sobre o assunto:

> A ideia conceptual do mundo que subscreve é marcadamente bipolar, perspectivando-o dividido entre os incluídos e os excluídos da globalização. Incluídos são "os indivíduos ou grupos que possuem as características necessárias para integrarem os mercados globais, por razões laborais, de capital ou de produção de bens culturais", integração na "ordem global" que lhes permite usufruir de uma cidadania plena, isto é, dos direitos humanos, econômicos, sociais e políticos. Os que não possuem estas características são excluídos, podendo mesmo ser-lhes vedado o acesso a quaisquer direitos (Castells, 2000: 124).
>
> Para os proponentes desta corrente, o sistema global funciona em rede, ancorado em nódulos centrais que, apoiados nas novas tecnologias de comunicação e informação, penetram em áreas cada vez mais recônditas do planeta, cristalizando no processo o domínio dos nódulos centrais sobre a imensa e crescente periferia (Castells, 1996). A novidade do sistema advém de ele se basear no controle do conhecimento e da informação, pelo que a localização física dos agentes que comandam o processo é simultaneamente concentrada, isto é, tende a afluir aos nódulos centrais, e difusa, isto é, está dispersa, embora ligada permanentemente em rede a partir dos nódulos centrais a todas as crescentes áreas que vai integrando no sistema global (Sassen, 1994).
>
> Consideram estes autores que a ordem global é distinta da ordem internacional, que tende a substituir, porque enquanto esta última

é dominada pelo poder hegemônico de alguns Estados-nação e regulada por convenções internacionais e acordos interestatais, a nova ordem é dominada pela mão "visível" dos mercados, transnacionalmente interligados, obedecendo a uma racionalidade econômica que busca como supremo objetivo aumentar a eficiência do sistema, independentemente dos desequilíbrios econômicos e das desigualdades sociais que possa gerar (Korten, 1995).

A instauração dessa novíssima ordem global implica necessariamente que os Estados ocidentais passem de Estados-Providência a meros agentes econômicos em busca de vantagens competitivas nos mercados globais. São múltiplas e diversas as hipóteses explicativas e de previsão que decorrem de tal posicionamento teórico. Destas, destacam-se três hipóteses pelo impacto direto que supostamente têm nos fluxos migratórios:

- Os Estados ocidentais tenderão a perder a sua função de equalizadores de oportunidades e distribuidores de riqueza que crescentemente vieram a assumir durante "os trinta gloriosos anos" que se seguiram à Segunda Guerra Mundial. A inexistência de Estados provedores de bens públicos e garantes de benefícios sociais implica que a exclusão de indivíduos e grupos se processe e alastre no interior desses mesmos Estados, independentemente do seu nível de desenvolvimento e riqueza.
- Decorre da primeira hipótese que o poder soberano de autodeterminação da comunidade política constituída em Estado-nação é coarctado pelo poder dos agentes econômicos transnacionais, o que não só tende a retirar legitimidade política ao controle de quem entra, pode permanecer e pertencer à sociedade de acolhimento como cerceia a capacidade financeira do Estado para eficazmente exercer esse mesmo controle.

- As duas hipóteses anteriores implicam que a não regulação e controle das fronteiras pelos Estados envolvidos no processo migratório permitirá a criação, a par do mercado global de capitais que se assume já existir, do mercado de trabalho global. A entrada em funcionamento deste último mercado implicaria uma equalização do preço do trabalho indiferenciado ou pouco qualificado, conduzindo necessariamente a uma dramática queda do poder de consumo da esmagadora maioria da população dos Estados ocidentais e, finalmente, promoveria uma extrema concentração do trabalho altamente qualificado nos nódulos centrais do sistema econômico global.

Depreende-se que, ainda que a globalização, originalmente, tenha sido pensada (se foi) no sentido de verdadeiramente objetivar benesses a toda a população do mundo, com a promoção do equilíbrio social, econômico e cultural, vê-se, ao contrário, o planejamento adrede de projetos e formas de avassalar aqueles que já são pobres.

A informação sobre as diferenças em oportunidades, não apenas em nível econômico, mas também no acesso a um conjunto de bens e serviços que asseguram diferentes graus de bem-estar, e que podem ir desde o acesso à água potável e a um ambiente relativamente saudável e sem grandes perturbações sociais e políticas até o acesso à educação, à saúde, à habitação e a um rendimento mínimo, estende-se a regiões cada vez mais vastas, promovendo o crescimento da pressão migratória dos países pobres para os países ricos.[222]

A globalização como ordem global é oriunda das relações entre mercados internacionais, entre transnacionais, que gira em torno dos desequilíbrios econômicos e das desigualdades sociais, enquanto a or-

---

222 BAGANHA, Maria Ioannis. In: SANTOS, Boaventura de Souza (org.). *A globalização e as ciências sociais*, p. 140.

dem internacional, internamente ligada com a soberania (embora de forma negativa), é regulamentada por tratados, convenções e acordos internacionais.

5.2 AMAZÔNIA E CONSCIENTIZAÇÃO ECOLÓGICA

A Amazônia, considerada patrimônio ecológico da humanidade, há de ser mantida em sua total integridade. Não se compreende o interesse que desperta em grupos econômicos que, de quando em vez, tentam politicamente investir em suas riquezas.

Neste momento em que se vive por todos os lados verdadeira agressão provinda da globalização econômica, entendo que o cerco será cada vez maior. Da parte do governo brasileiro, espero que qualquer investida sobre a Amazônia seja repelida com veemência.

Édis Milaré traz informações preciosas a respeito do ambiente Amazônia, das quais destaco:

> O macroecossistema amazônico constitui um domínio de 3,5 milhões de quilômetros quadrados, correspondente a 60% de todo o universo da Amazônia. Os países vizinhos comportam os restantes 40% demarcados por longas fronteiras. Parece ser, hoje em dia, o macroecossistema de maior ressonância nas controvérsias internacionais, um assunto necessariamente polêmico. Bastam as suas dimensões para impressionar milhões de pessoas e povoar a imaginação de lendas, na proporção inversa do conhecimento científico. Peculiar problema da Amazônia são os povos da floresta, cujas reservas e cultura é preciso respeitar, se não por amor, ao menos por força. Mas, ainda assim, a violência tem os seus repiques que terminam em inúmeros incidentes, alguns dos quais são conhecidos através da imprensa.

As estradas abrem caminho também para a agressão ao ecossistema e ao seu bioma, provocando impacto em extensões contínuas e não apenas pontuais.

Os inimigos públicos da Amazônia são os desmatamentos e as queimadas. Grande parte da área devastada destina-se à pecuária; porém dados coletados mostram que a abertura de clareiras superou a produtividade do gado, evidenciando grande desproporção entre custo ambiental e suposto benefício econômico. Mas em algumas áreas da Amazônia há um outro inimigo, por paradoxal que pareça: a água. De fato, com tanta água, que parece ser a alma do ecossistema, os rios represados para usinas hidrelétricas causaram a putrefação e morte de extensas coberturas vegetais, assim como o desaparecimento definitivo de espécies de plantas e a extinção parcial de animais. É o caso das UHE de Balbina, Samuel e Cachoeira da Porteira. Acrescente-se a isso a perda irracional de madeira e biomassa.

De resto, o grande ecossistema se autorregula e recompõe. Não obstante, seria injustificável acreditar que isso basta e, assim, os riscos e ameaças não seriam tão grandes quanto parecem. Com toda sua exuberância, o ecossistema amazônico é muito frágil, porque é muito fechado em si mesmo: qualquer alteração significativa, ali, pode assumir as proporções de alteração global, não só para a Amazônia e o Brasil, mas também para o planeta Terra.[223]

A respeito, sumarizo escrito de Paulo Borba Casella:[224]

---

223 MILARÉ, Édis. *Direito do ambiente*: doutrina – prática – jurisprudência – glossário, p. 161-3.
224 CASELLA, Paulo Borba. *Direito internacional*: vertente jurídica globalizada, p. 353.

A iniciativa do Parlamento Europeu a respeito da Amazônia serviu para refletir sobre a consciência ecológica do planeta. A Amazônia, pela área e pelos poucos recursos, é um alvo fácil.

Os europeus se encontram numa posição cômoda: destruíram as florestas e os recursos naturais nos territórios nacionais e nas colônias, mas garantiram seu desenvolvimento. Como posição cômoda temos os EUA, pretendendo fazer políticas de apoio aos grupos indígenas após destruí-los e excluí-los do mapa.

Semelhante foi a atitude do Parlamento Europeu, pretendendo arvorar-se à condição de árbitros da competência nacional em matéria de Amazônia. Mas escolheram mal o alvo, queriam mostrar serviço, mas a Amazônia é um dos assuntos que mais preocupam a coletividade. A Amazônia legal está definida, há tratados e convenções entre Brasil e vizinhos da região delimitando a Amazônia e providenciando esquemas de cooperação regional e troca de informações.[225]

Já existe estatuto legal adequado referente ao direito interno e internacional em vários tratados. Há convenções internacionais às quais está vinculado o Brasil para sua proteção. Podem ser implementados projetos seletivos e diferenciados de preservação, conservação e desenvolvimento sustentável.[226]

5.3 OS EFEITOS SOCIAIS DA GLOBALIZAÇÃO

Da obra *A globalização e seus impactos sociais*, de Nader Ali Jezzini,[227] extraí o título "Efeitos sociais da globalização", excelente retalho.

---

225 Ibidem, p. 353-4.
226 Ibidem, p. 354.
227 JEZZINI, Nader Ali. A globalização e seus impactos sociais, p. 101.

A palavra *sociedade* significa conjunto de pessoas unidas pelo sentimento de consciência do grupo, formando-se assim um corpo social. O ser humano sempre esteve envolvido socialmente. O conhecimento e a ciência social acompanharam seu desenvolvimento, gerando então algumas mudanças. O estudo dessas mudanças demonstrou a importância do relacionamento das pessoas que vivem em sociedade.

O desempenho dos países em desenvolvimento da Ásia encobriu o aumento da pobreza. A economia global aumentou, mas não diminuiu a pobreza extrema. Os níveis de pobreza e desnutrição são chocantes. As mulheres que ingressam no mercado de trabalho continuam a receber menos que os homens, pelo mesmo serviço, e limitam-se a tarefas de menor prestígio social.

A pobreza e as desigualdades, ambas injustas, provocam culpa quando declaradas em todo o mundo. Reclamam um novo modelo de governança global.

Conforme Gilberto Dupas, coordenador do Institutos de Estudos Avançados (IEA), da USP, "há uma consciência de que é preciso lidar com os efeitos negativos da globalização porque eles existem".[228]

5.4 CAPITAL ESTRANGEIRO E CAPITAL NACIONAL

É preciso ver como se coloca a realidade: o dinheiro, o capital, busca a sua própria continuidade – o capital sempre busca oportunidades.

Surgem algumas dúvidas a respeito do patriotismo do capital devido a questões políticas, tanto corporativas como vinculadas aos direitos nacionais; há sempre proibição de qualquer prática que fuja da estrita legalidade. Exemplo: o *Foreign Corrupt Pratices Act*.[229]

---

228 Apud idem, ibidem, p. 103.
229 CASELLA, Paulo Borba. *Direito internacional: vertente jurídica globalizada*, p. 357-8.

No direito norte-americano, pune-se qualquer bonificação a funcionários do governo/administração pública feita ilegalmente por empresas norte-americanas. Essa restrição faz com que, por medo da punição, o capital estrangeiro "ande na linha".

Em verdade, a tendência política é a de dar importância maior ao capital nacional em detrimento do capital estrangeiro, o que é uma grande bobagem. Incentivos de quaisquer ordens devem favorecer a todos.

Entendo que o autor quer caracterizar o capital nacional como insuficiente para o desenvolvimento do país. Significa dizer que, na verdade, o capital estrangeiro investido no Brasil, por exemplo, especialmente nas atividades industriais dos mais variados segmentos, sem dúvida, é o responsável pelo progresso econômico até agora registrado.

O Brasil tem necessidade de tratar com o capital internacional, limitando o campo de ação, para que este contribua para o desenvolvimento.

A receita de integração no âmbito da Ásia, diferente do modelo europeu, que prioriza um quadro institucional e legal, tem pautado pela informalidade, assegurando-se, porém, a igualdade de tratamento do capital. Há estimulação do comércio, assegura-se a igualdade e a legalidade do tratamento do capital.

Na falsa dicotomia entre capital estrangeiro e capital nacional, aprende-se que o capital externo tende a ser mais observador da legalidade que o nacional.

5.5 COMÉRCIO EXTERIOR (POLÍTICA E ACASO)

A política brasileira de comércio exterior deve ser feita de modo eficiente. A Câmara de Comércio Exterior (CAMEX) tem missão a cumprir. Mais do que nunca se impõe planejar a atuação nacional em matéria de comércio exterior que, muitas vezes, atuou de modo conflitante.[230] Deverá atuar diferentemente de outros órgãos sem definição de finalidades das camadas da administração federal, estadual e municipal, que infestam a vida do cidadão comum e que, muitas vezes, cuidam primeiro de seus dirigentes, em segundo lugar tratam de preservar-se a si mesmos e somente depois, se houver disponibilidade, darão atenção à missão para a qual foram criados.

Após décadas de inflação e vários planos de estabilização frustrados, espera-se que possa ser mantido um grau mínimo de estabilidade econômica e institucional internas, permitindo-nos dar atenção a outras prioridades, para operar o país de modo mais competitivo e proporcionar condições para uma atuação mais destacada no comércio mundial.

Na medida em que houve um aumento do comércio mundial, diminuiu a participação do Brasil e do Mercosul, demonstrando uma distorção grave.

O comércio exterior é uma ferramenta estratégica que não está sendo bem utilizada por nós. A coordenação da ação entre o governo e o setor privado em matéria de comércio exterior é fundamental para ampliar nichos de mercado. O comércio exterior não pode ser feito por pioneiros de forma isolada. Está na hora de o Brasil atuar de forma coordenada em matéria de comércio exterior.

5.6 VENDA INTERNACIONAL DE MERCADORIAS

Omisso quanto à venda de suas mercadorias, o Brasil deveria planejar sua estratégia internacional e adentrar definitivamente na corrente internacional.[231]

---

230 Idem, ibidem, p. 359-60.
231 Idem, ibidem, p. 347-9.

A Convenção das Nações Unidas sobre Contratos Referentes à Venda Internacional de Mercadorias teve a rara capacidade de deixar situar o direito internacional sem conflitar com o que já foi feito nos direitos nacionais, ao mesmo tempo em que aponta as necessidades decorrentes da continuidade do processo de integração das normas reguladoras da compra e venda internacionais. Os mercados internacionais e as economias da globalização estão tornando patente a necessidade de contratos para suprir a necessidade de alcançar-se patamar mais eficiente de regulação internacional do fenômeno.

A Convenção de Viena sobre a Venda Internacional de Mercadorias, regulando a vida dos contratos internacionalmente, permite avaliação das necessidades e realizações para se ter posicionamento do que, na prática, interessa, operando sem descurar a precisão acadêmica e científica dos conceitos. A contratação internacional está cada vez mais ativa dentro da vida das pessoas jurídicas e físicas de direito privado interno, por causa do esgotamento dos modelos nacionais. A inadequada formatação do direito, ainda incipiente para fazer face ao choque da globalização, no tocante a essa regulação, pode tornar penosa essa atividade, que se ressente de uma melhor preparação para o futuro, cujo contexto internacionalizado está a exigir novas maneiras de pensar, redigir, interpretar e aplicar contratos.

O Brasil, com relação aos sistemas jurídicos latino-americanos, permanece em descompasso. O impacto da Convenção das Nações Unidas (CVIM) sobre o continente é considerável devido à ratificação e à entrada em vigor da Convenção em alguns países, que a reconhecem, embora possuam culturas jurídicas bastante diversas umas das outras. Observam-se, também, dificuldades na aplicação de seu texto na América Latina.

O direito de compra e venda na CVIM, no concernente a contratos para venda internacional de mercadorias, alcançou ratificação e está em vigor entre os principais agentes do comércio mundial.

Globalização reflete mutação das condições de produção e circulação da riqueza no mundo. A CVIM prepararia um contexto mais internacionalizado, podendo adequar o regulamento sobre vendas internacionais à realidade e às necessidades atuais.

5.7 OS EFEITOS NA CONCORRÊNCIA COM AS EMPRESAS NACIONAIS

Lamentavelmente, a abertura indiscriminada ao investimento estrangeiro vem implicando a extinção de algumas empresas nacionais, frágeis em sua estrutura de equipamentos e mão de obra qualificada, em razão da força exercida pelas transnacionais no domínio do mercado brasileiro.

Nesse contexto, Eduardo Galeano descreve em detalhes o que aconteceu com o Brasil na década de 1960:

> Entre 1964 e meados de 1968, quinze fábricas de automotores ou peças para autos foram deglutidas pela Ford, Chrysler, Willys, Simca, Volkswagen ou Alfa Romeo; no setor elétrico e eletrônico, três importantes empresas brasileiras foram parar em mãos japonesas; Wyeth, Bristol, Mead Johnson e Lever devoraram tantos laboratórios, que a produção nacional de medicamentos se reduziu a uma quinta parte do mercado; a Anaconda se lançou sobre os metais não ferrosos e a Union Carbide sobre os plásticos, os produtos químicos e a petroquímica; American Can, American Machine and Foundry e outros colegas se apoderaram de seis empresas nacionais de mecânica e metalurgia; a Companhia de Mineração Geral, uma das maiores fábricas metalúrgicas do Brasil, foi comprada a preço de falência por um consórcio do qual participaram a Bethlehem Steel, o Chase Manhattan Bank e a Standard Oil. Foram sensacionais as conclusões de uma comissão parlamentar formada para investigar

o tema, porém o regime militar fechou as portas do Congresso e o público brasileiro nunca conheceu esses dados.[232]

As empresas transnacionais, com base em seu poder econômico, facilmente manipulam preços, praticando *dumping* e sofrendo prejuízos pelo período necessário a eliminar a concorrência local, bem como adquirir as empresas nacionais com menor poder competitivo. Com isso, a concentração de mercado aumenta significativamente, acarretando efeitos maléficos, como o desemprego e a redução da arrecadação fiscal.

Mesmo tendo ciência dos efeitos perversos que a abertura da economia pode causar, os Estados a praticam pois necessitam dos investimentos e da tecnologia trazida pelas transnacionais. Contudo, não podem os países hospedeiros restringir a atuação destas, posto que elas se instalarão em países vizinhos.

Além do mais, a força das transnacionais gera, por vezes, choques entre Estados e investidores estrangeiros, fato que influenciou, inclusive, na derrubada de governos, como aconteceu com Salvador Allende, no Chile, pela atuação da ITT, segundo Barnet e Müller, e com João Goulart e Jânio Quadros, no Brasil.

A abertura às empresas transnacionais pode fazer com que o Estado hospedeiro perca parcela considerável de sua soberania.[233]

---

232 Apud SILVEIRA, Eduardo Teixeira. *A disciplina jurídica do investimento estrangeiro no Brasil e no direito internacional*, p. 48. Galeano lembra ainda que, enquanto o Estado brasileiro cedia grandes benefícios às transnacionais, deixava de apoiar a Fábrica Nacional de Motores, criada na época Vargas, que no governo Castelo Branco acabou sendo vendida à Alfa Romeo.
233 Idem, ibidem, p. 49.

Conclusão

Nesta idade já avançada, posso testemunhar os acontecimentos que redundaram em permanente degradação da condição de vida do povo brasileiro.

Esta obra mais será o eco de um espírito comovido com a pobreza da maioria da população brasileira.

Na procura de justificativas, dou por benéfica a passagem pela Universidade Católica de Santos, onde pude aproveitar ensinamentos que promoveram um entendimento, ainda que não completo, e possibilitaram uma compreensão ampla dos problemas estruturais que dificultam o progresso de meu país e, consequentemente, promovem o aniquilamento de seu povo, que carece dos mínimos programas sociais, de cultura, de saúde, de transportes, dentre outros, por absoluta falta de condições de atendimento dos poderes públicos.

Não há capacidade física ou mental para uma composição ampla do tema desta obra, em razão do vasto número de obras existentes, cada autor posicionando-se sobre determinado ângulo da questão. O debate é incansável, dado aos desencontros e às divergências.

Em todo caso, quero admitir que os elementos colhidos em aproximadamente setenta escritos retratam o que é principal nesta obra, ou seja, "os efeitos perversos da globalização em relação aos direitos humanos".

Entendo que a globalização, desde o seu primeiro planejamento – se é que houve –, deveria ter tido como fulcro principal o bem-estar dos povos, incluindo aqui, por óbvio, o combate a todo tipo de pobreza, custasse o que custasse.

A legislação brasileira, que regulamenta os investimentos estrangeiros no Brasil, como já comentado, tem seu comando na lei básica (Lei n. 4.131/62), dando amparo tanto às importações de máquinas e equipamentos como aos recursos financeiros entrados no país para aplicação em atividades econômicas.

Tais investimentos se revestem de características como: a) a propriedade deve ser de não residente no país; b) há de ter uma destinação econômica, vinculada à produção de riqueza; c) possuir intenção de permanência; d) seu ingresso deve ser efetivo; e e) desvinculado, sem contrapartida de pagamento.

As transações internacionais reguladas são aquelas com empresas da iniciativa privada, sem considerar os grandes empréstimos das entidades financeiras internacionais (FMI, Banco Mundial e outros) aos Estados.

Com a prática sistemática da procura de países pobres para a instalação das multinacionais, com o objetivo da produção mais barata, na visão de Nilton José de Souza Ferreira,

[...] nos próximos anos, existirá forte cartelização de mercados, com o total domínio dos grandes oligopólios internacionais sobre todos os setores vitais, finalizando a competitividade e centralizando o poder econômico na mão de alguns grupos.[234]

A política é a do máximo lucro e menor custo, poderosos agentes de transformações de estruturas econômicas, sociais e políticas. Criando novos modelos de produção e nova divisão do trabalho em escala mundial, tendem à formação de monopólios e oligopólios.

O que se presume é que o desenvolvimento da economia dos países sedes de transnacionais transcorre às custas do atraso e subdesenvolvimento da maioria dos países onde elas implantam as suas filiais. O interesse não é o de acabar com os Estados e suas instituições, mas "mantê-los fragilizados, servis, domesticados sob seus domínios econômicos da mais-valia".[235]

Altos níveis de vida e salários somente são atingidos por países que dominam as tecnologias de produção mais avançadas. Um país de Terceiro Mundo, que fabrica mercadorias da chamada Segunda Revolução Industrial, tem de se contentar com baixos salários. São exemplos o México e o Brasil.

As empresas transnacionais são instrumentos da globalização. Causam impactos às estruturas sociais, políticas e culturais dos Estados onde operam, normalmente países do Terceiro Mundo, que têm estruturas sociais fragmentadas, sistemas políticos instáveis e padrões culturais pouco avançados.

Observam-se como efeitos extremamente negativos da globalização: a marginalização dos mercados globais em países menos desen-

---

234 FERREIRA, Nilton José de Souza. *Globalização e direito*, p. 211.
235 OLIVEIRA, Odete Maria de. *Relações internacionais*: estudos de introdução, p. 273.

volvidos, a má distribuição de recursos e as crises dos mercados financeiros globais nos países em desenvolvimento.

Fazer a relação, aparentemente difícil, entre "direitos humanos" e "globalização" não é boa tarefa. Se, no entanto, olharmos as injunções de que os projetos sociais, num país como o Brasil, resultam de investimentos incabíveis no seu orçamento, e que, a cada ano, crescem as dívidas com os financiamentos estrangeiros, sem que se consiga pagá-las, recursos não sobrarão para qualquer iniciativa. Essas dívidas e seus serviços sufocam a estrutura macroeconômica, inibindo os investimentos necessários às atividades sociais do Estado.

Possível em futuro próximo o enlaçamento dos direitos humanos com a globalização, originando projetos conclusivos de que os direitos humanos hão de ser o fulcro, a humanidade terá alcançado a glória maior.

O comércio internacional e os mercados financeiros não são capazes de proporcionar o fornecimento de bens públicos, compreendidos entre a preservação da paz, o alívio da pobreza, a proteção do meio ambiente, a melhoria das condições de trabalho ou a defesa dos direitos humanos.

Essa incapacidade bem espelha a deterioração das economias dos países fracos, cuja tendência, permitida a continuação do sistema global, será a sua completa falência.

Há a necessidade de novas regras de comércio mundial e do desenvolvimento de uma política macroeconômica expansionista voltada para a diminuição da pobreza e a geração de empregos. Com isso acontecendo, os direitos humanos terão o privilégio da evidência, até agora não experimentada.

A desigualdade está demonstrada. Os pobres são os insolventes. Em relação a eles devem-se adotar medidas de luta contra a pobreza.

O consenso neoliberal entre os países centrais é imposto aos países periféricos e semiperiféricos por meio do controle da dívida externa efetuado pelo Fundo Monetário Internacional e pelo Banco Mundial. Daí que essas duas instituições sejam consideradas responsáveis pela "globalização da pobreza".

Os programas de estabilização macroeconômica impostos pelo FMI e o Banco Mundial aos países em desenvolvimento, como condição de renegociação da dívida externa, têm levado, desde os anos 1980, centenas de milhões de pessoas ao empobrecimento. Países que não aceitam as metas de desempenho impostas pelo FMI passam a figurar, como afirmado nesta obra, em uma "lista negra".

A situação das populações empobrecidas dos países em desenvolvimento é de desespero social e falta de perspectivas.

Juntei nesta obra a *indigesta globalização* à *poesia dos direitos humanos* e, à medida que cultuei essa poesia, defrontei-me com a impossibilidade de sua glorificação, em razão da causa principal, a globalização.

Os países capitalistas divisaram com a globalização objetivos tão somente econômicos, com a nítida intenção da exploração da fragilidade financeira e dos mercados dos países pobres. Não houve, em momento algum, a preocupação com os problemas sociais dos menos favorecidos, instalando-se, isto sim, o caos social. Os povos que já eram pobres ficaram miseráveis.

As décadas de 1980/90 passaram para a história econômica mundial como o período negro das economias dos países periféricos.

Ao se falar da inércia das atitudes de crescimento econômico ou de desenvolvimento, verifica-se a causa maior dos efeitos danosos ao povo pobre, cada dia mais sem esperança de uma vida melhor.

Os textos, organizados devidamente, mostram, em primeira mão, os direitos humanos, desde as primeiras declarações. Florescem para o mundo como viva esperança de dias melhores, de vida, de paz e tranquilidade.

Os direitos humanos emergiram com firmeza a partir da Declaração Universal dos Direitos do Homem, de 1948, traçando um novo esquema de socialização, implicando uma submissão do poder ao direito, assim como o poder aos fins da sociedade. As Constituições dos países signatários, da Declaração em diante, trataram de positivar os direitos do homem com força obrigatória.

As duas Convenções, a primeira de Teerã (1969), e a segunda de Viena (1993), das quais o Brasil é signatário, proíbem que a parte invoque disposição de seu direito interno para justificar o descumprimento de tratado, configurando, assim, o princípio da responsabilidade internacional do Estado.

Os Estados-partes nos tratados de direitos humanos têm o dever de não violar os direitos protegidos, mas de agir, visando a assegurar a todas as pessoas que estejam sob sua jurisdição o exercício livre e pleno de todos os direitos protegidos.

Consideradas conquistas teóricas da Declaração de Viena são:

Reconhecimento da legitimidade da preocupação internacional com a promoção e a proteção dos direitos humanos.

Reconhecimento do direito ao desenvolvimento como universal, inalienável e como parte integrante dos direitos humanos fundamentais.

Interdependência entre democracia, desenvolvimento e respeito aos direitos humanos.

Reconhecimento, pela primeira vez em um documento da ONU, da democracia como a forma de governo mais favorável para o respeito dos direitos humanos.

São responsabilidades definitivas e da maior importância, a serem observadas não só pelos Estados como pelo mundo.

Os mecanismos de proteção aos direitos humanos foram instalados internacionalmente, no sentido de coibir abusos e desrespeito aos direitos essenciais do indivíduo.

A Declaração e Programa de Ação de Viena insta o mundo à atenção ao desenvolvimento e à cooperação entre as nações. Isso envolve, fundamentalmente, que os países pobres devam merecer incentivos que redundem em: acabar com a pobreza, desenvolver os programas de educação, melhorar as condições de vida, construir moradias etc.

No entanto, a inibir os países pobres de qualquer iniciativa para o seu desenvolvimento e para a administração de programas sérios de valorização do homem, há o fenômeno da globalização, impingindo condições perversas sobre as economias desses países. Aniquila, sem piedade, as indústrias, promovendo o desemprego. Sem emprego, não há ganho, sem ganho, não há consumo, sem consumo, não há comércio, sem comércio, não há a necessidade de produção.

Por todo o exposto, vê-se a degradação da população dos países chamados "subdesenvolvidos", vez que não lhe sobram recursos para o investimento fundamental e mais importante, "a pessoa humana".

Nitidamente, o fim da globalização é o de satisfazer os interesses de países desenvolvidos, em especial os Estados Unidos. Por conseguinte, tornou-se nociva às demais economias tidas como frágeis (países subdesenvolvidos).

Especialmente os países chamados periféricos, entre eles o Brasil, são os mais atingidos pelos efeitos da globalização. Esses países tiveram os seus mercados invadidos pelos países economicamente ricos, fato que ocasionou o declínio da sua produção industrial e, como consequência, a redução de empregos.

Direitos humanos, de um lado, e globalização, de outro. Resta, não a escolha de um ou de outro, mas o estudo da possibilidade de uma convivência harmônica ou, propriamente, a hipótese da "globalização integradora".

A globalização, por excelência econômica, financeira e de mercados, como estruturada, vislumbra, como até agora provado, o lucro fácil, monitorando as economias dependentes e interferindo na soberania dos países, obrigando-os a medidas inóspitas, refreando, ostensivamente o seu desenvolvimento.

Os direitos humanos anseiam por atenção redobrada, com investimentos incalculáveis naquilo que é básico (educação, combate à pobreza, saúde, transporte, segurança e moradia).

Assim, se não se consegue comover "os donos" da globalização para os compromissos assentados nas Declarações e Tratados sobre Direitos Humanos, dos quais são também signatários, convém aos países pobres a tomada de posição política, no sentido de exigir uma mudança de rumo, com o propósito de que projetos urgentes sejam elaborados para a correção dos problemas causados até agora.

Inevitável a integração imediata à globalização dos países carentes de crescimento econômico. A indesejabilidade da inserção aos planos mundiais desaparece para dar lugar a uma reformulação de pensamentos, convergentes à exigência do respeito merecido e à aceitação de uma ousadia maior a projetos de crescimento e desenvolvimento como prioridades absolutas, eventualmente secundarizando e replanejando a problemática dos compromissos internacionais de pagamentos no sentido de, sobrando recursos, possam os governos pôr em prática projetos que verdadeiramente façam renascer, no povo humilde, a esperança de uma vida com dignidade. Necessária, porém, uma férrea vontade dos governos, no sentido de começar a impor condições que lhes sejam favoráveis, no assentamento de novas condições em relação a um comércio exterior lucrativo.

O governo brasileiro atual tem preocupação fundada a respeito. São palavras do Presidente Luiz Inácio Lula da Silva à Presidenta da Finlândia:

> Se a globalização é inevitável, isso não significa que devemos nos reconciliar de forma fatalista a seus efeitos perversos.
>
> Não precisamos aceitar que o preço da modernização – do ganho em competitividade e eficiência – seja a marginalização, o empobrecimento e a desesperança daqueles que ficaram para trás.

Aparentemente, os governantes brasileiros de hoje estão sensibilizados com o verdadeiro drama que vive o povo pobre, com sua dignidade quase esfacelada. Urgente, urgentíssima a atitude do basta!

Desregulamentação, liberalização e privatização são as palavras de ordem das políticas econômicas europeia e americana, alçando o programa neoliberal à condição de ideologia de Estado. A lei da oferta e da procura foi mitificada como o melhor de todos os princípios reguladores. A liberação total do fluxo internacional de divisas e capitais passou a ser a mais drástica intervenção na estrutura econômica das democracias ocidentais.

Não demorou, e setores de demanda intensiva de trabalho e que ainda empregavam mão de obra pouco qualificada foram confrontados com a concorrência de países de mão de obra barata. A produção de determinados bens somente seria interessante se parte dela fosse transferida para o exterior. O Japão, com seus preços baixos, colocou o restante da indústria sob pressão.

Fundamental será a implantação de um comércio justo, com vistas à proteção dos pobres.

Graves os problemas de países como Índia, Honduras e Tailândia, já descritos. Centenas de milhares de trabalhadores, inclusive crianças, trabalham sob regime de quase escravidão. A globalização imposta obriga que os países submetidos aos seus anseios determinem regras rígidas de trabalho.

Os líderes da China impedem qualquer resistência por parte da classe operária, mormente nas zonas destinadas ao investimento de estrangeiros. Quem reclama, ou tenta criar sindicatos, é condenado imediatamente a três anos de trabalhos forçados.

A maioria dos governos do Ocidente é complacente com as práticas orientais destinadas à conquista do mercado mundial. Sindicalistas do mundo todo têm se mobilizado para combater a violação dos direitos ambientais e humanos, pela aplicação de sanções comerciais.

Embora racional e justa, a reivindicação de sanções comerciais contra países autoritários não permitirá a repressão do arrocho salarial e do desemprego. As vantagens dos países de custos baixos não são resultado exclusivo da atuação de governos antissociais ou da prática de exploração por parte das empresas. O aumento das exportações desses países em desenvolvimento deve-se, também, ao baixo padrão de vida da população, que tem uma expectativa menor em relação à sua renda. Ademais, diante das estruturas familiares intactas, esses países emergentes têm dispensado a seguridade social. Questionados sobre a assistência à saúde e à velhice, os políticos asiáticos têm respondido que a família é o seu sistema social. O *dumping* cambial praticado por esses países torna as suas exportações fora de concorrência. Mesmo aumentando os salários e criando sindicatos livres, uma fábrica da Malásia ainda continuaria lucrativa. Uma maior atenção à justiça social no sul não asseguraria nem criaria postos de trabalho no norte.

Questiona-se se uma investida contra os salários baixos seria capaz de frear a desvalorização do trabalho nos países altamente desenvolvidos, atingidos principalmente no setor de mão de obra pouco qualifica-da. Por outro lado, do ponto de vista da economia nacional, a perda de postos de trabalho representou um excelente negócio para os países do bem-estar social do norte. Isso porque, com as importações, crescem também as compras dos países emergentes junto aos seus clientes. Afinal, desde as instalações de uma fábrica até o satélite de comunicações, precisam comprar quase de tudo. A maioria dos países do norte ganha bem com a globalização. Somente encolhe incessantemente a parcela de rendimentos destinada à mão de obra nos seus países de origem.

O desemprego, a pobreza, bem como o aparecimento de doenças, vêm facilitando o comércio de drogas e a posterior degradação do meio ambiente. Por conseguinte, esses fatores acabam por incrementar movimentos raciais, nacionalistas, xenófobos e fundamentalistas.

A globalização acirrou a competição em todos os níveis, criando ainda novas formas de trabalho, que vêm crescendo para dar atendimento a situações mais emergenciais e, portanto, sem a assunção de compromissos.

A proteção do trabalhador em face da globalização se realiza mediante a educação, a profissionalização da mão de obra e a intervenção do Estado na implantação progressiva da automação. Essa proteção só é possível de se concretizar por meio de políticas que possam ser implantadas para conferir ao trabalhador garantia de admissão e proteção contra a dispensa, com vistas à melhoria de sua condição social.

A globalização econômica, fundada na produtividade e na competitividade extremas, vem substituindo a política pelo mercado. Esse processo de globalização econômica depende mais de fatores não geográficos como a tecnologia, técnicas de *marketing*, produção informatizada, gerenciamento de sistemas, criatividade organizacional, e menos de fatores baseados na produção de cada território, como riquezas minerais, qualidade de solo e disponibilidade de recursos naturais.

O fenômeno da globalização, por fragmentar as atividades produtivas em alguns países, torna os capitais financeiros, em certas ocasiões, imunes a fiscalizações governamentais; além de restringir as sociedades a meros conjuntos de grupos e mercados unidos em rede, vem debilitando o poder de taxação e regulamentação dos Estados-nação, bem como tornando obsoletas as suas normas e mecanismos processuais.

Em razão de a globalização favorecer a especulação cambial, a volatilidade dos capitais e o retorno de curto prazo, as bolsas, os fundos de pensão, as companhias seguradoras e os bancos de investimento transformam-se em instrumentos basilares para a concretização de decisões quanto às políticas monetária e fiscal.

Note-se a crescente flexibilidade de adaptação geoespacial dos conglomerados transnacionais, os quais possuem um extraordinário poder para barganhar e decidir a localização das suas unidades fabris, poder esse assegurado pela fragmentação das atividades produtivas em contraposição às rígidas plantas industriais de caráter fordista. Graças a esse fato, esses conglomerados, para definir os locais de instalação de suas plantas industriais, exigem dos poderes públicos isenções fiscais, subsídios, créditos a juros favorecidos, infraestrutura básica a custo zero e alterações drásticas nas legislações urbanísticas, ambiental, tributária, previdenciária e trabalhista. Em contrapartida, cidades, nações e até regiões vêm oferecendo cada vez mais facilidades/benefícios a fim de atrair esses conglomerados e alargar os seus mercados de trabalho.

Diversas consequências são oriundas desse tipo de competição. Todavia, apenas duas delas merecem destaque, quais sejam: a) a busca incessante de vantagens comparativas por parte das empresas e dos conglomerados transnacionais, o que extingue a máxima de que salários baixos significam necessariamente produtividade baixa, visto que, com a expansão tecnológica, os investimentos em educação, os programas de alfabetização, treinamento e qualificação profissional permitem que um país alcance padrões mundiais de produtividade; b) como segunda consequência, uma inversão: o Estado-nação não pode impor sua ordem jurídica sobre os conglomerados; estes, sim, é que concentram a sua produção (atividades produtivas) nos países que oferecem melhores condições para os seus investimentos. Assim, não é mais o Estado que decide qual o valor das taxas e impostos a serem cobrados, mas o conglomerado, cabendo a este, inclusive, escolher onde pagá-los.

Encontra-se o Estado forçado a rever a sua política legislativa a fim de reformular o seu direito positivo. Redimensiona, assim, a jurisdição de suas instituições judiciais para que não seja obrigado a adotar uma política de distanciamento em relação ao seu próprio ordenamento jurídico, sob pena de ficar deslocado da globalização econômica. Por ter a sua soberania mitigada, o Estado-nação sente-se obrigado a desregular, deslegalizar e desconstitucionalizar suas instituições judiciais. Temos, portanto, um novo ordenamento que se destaca por sua legislação "descodificada".

A democracia representativa foi construída a partir do reconhecimento de três gerações de direitos humanos:

- os relativos à cidadania civil e política, destacando-se pelo direito às liberdades de locomoção, de pensamento, de religião, de voto, de iniciativa, de propriedade e de disposição de vontade, ou seja, direitos individuais;
- os relativos à cidadania social e econômica, que se expressam pelos direitos à educação, à saúde, à moradia, à segurança social e ao bem-estar tanto individual quanto coletivo das classes trabalhadoras;

- os relativos à cidadania "pós-material", que se caracterizam pelo direito à qualidade de vida, a um meio ambiente saudável, à tutela dos interesses difusos e ao reconhecimento da diferença, da singularidade, da subjetividade e de entidades "minoritárias".

Com a globalização econômica, os excluídos dos mercados de trabalho e consumo perdem as condições materiais para exercer os direitos humanos de primeira geração e exigir o cumprimento dos direitos humanos de segunda e terceira gerações.

A oferta de emprego, com a globalização, passa pela qualificação da mão de obra. Quem não se atualiza tecnologicamente limita seu campo de trabalho. Dessa forma, há o crescimento do mercado informal. A educação é privilégio de poucos.

O desemprego é uma das maiores preocupações da humanidade, agravado com o aumento da população mundial, mas é necessário pensar na maneira como a civilização vê o emprego para saber o quanto teme pela falta dele. De nada adianta o aumento de produtividade sem consumidores. E, para haver consumo, tem de haver emprego.

O desemprego gera tensões nacionalistas e étnicas, ressentimento social, conflitos políticos e violência urbana.

O processo de integração gera problemas para os países em desenvolvimento ou os subdesenvolvidos, pois há o esquecimento de questões sociais cruciais, como o emprego, a educação, a saúde etc.

Através da História vê-se que os países que passaram por tais problemas atravessaram períodos de revolução. Assim, é necessário verificar os benefícios e os malefícios de tal processo e os resultados obtidos pelos países que o adotam para, então, verificar os efeitos causados, sejam eles sociais, políticos ou econômicos, e, aí, analisar tal impacto mundialmente.

As questões sociais são fruto da cultura, da história de uma nação, essencial para o respeito mútuo. Os fatos sociais refletem o egoísmo, a ignorância e o descaso num mundo globalizado. A verdadeira identidade humana está sendo substituída pela ilusão da verdade.

É nos domínios econômicos e financeiros, de um lado, e do emprego e condições contratuais de trabalho, de outro, que as políticas de liberação e desregulação têm sido levadas mais longe e de modo mais homogêneo de um país capitalista a outro. Devido à liberdade de movimento, o capitalismo impõe à classe trabalhadora as mesmas condições de exploração impostas na época colonial.

O desemprego e a pobreza crescem conforme o avanço dos negócios e do comércio. A dinâmica dos mercados aumenta, e dessa forma mais são os excluídos de seus benefícios. Somente ocorre crise nos circuitos de reprodução da vida humana e da natureza. Atualmente, está mais claro que o crescimento dos lucros gera a destruição da humanidade. O mundo lucra mais destruindo do que protegendo a natureza.

Quando se nega a possibilidade de alternativa, nega-se também a possibilidade de uma vida com dignidade, transformando-se então a dignidade humana em um princípio abstrato.

O futuro das populações foi posto em jogo a partir do momento em que os governos do mundo abandonaram os projetos nacionais em nome das políticas de ajustes estruturais globais.

As mais frequentes violações dos direitos humanos acontecem entre as classes marginais (à margem da sociedade), desde abusos administrativos de autoridades até as repressões violentas do Estado, que visa ao monopólio da administração da justiça, que se mostra de forma corrupta e facciosa. Na América Latina, a pobreza pode significar insuficiência de direitos e ausência de cidadania.

A pobreza é um fenômeno estendido devido às características do crescimento econômico e das políticas neoliberais. Dessa forma, nos países latino-americanos é notável a crescente desigualdade e pobreza da população. Tal situação atingiu níveis assustadores, com alarmante índice de desemprego. Parece que as máquinas, toda a tecnologia que faz o trabalho humano crescer, gera a fome e o esgotamento do trabalhador.

Há quem entenda que a falta de empregos no Primeiro Mundo tem correspondência na criação de postos de trabalho nos países em desenvolvimento, com custos menores na produção. Haveria, então, um crescimento econômico nos próximos anos. Essa é a posição do Banco Mundial. Mas pode-se afirmar que as megaempresas se beneficiam com baixos custos.

Interesso-me pela vida com dignidade dos meus compatriotas, mas a tristeza está em ver que o tempo passa e exacerbam-se as condições de pobreza e até de miserabilidade da grande maioria da população.

E falando do Brasil, é certo que o poder público, ainda que possivelmente interessado pelos problemas sociais, na minha opinião, pouco tem feito, ao longo do tempo, no amparo da população mais humilde.

A globalização não trouxe ao Brasil, desde que conhecida, na segunda metade do século XX, as vantagens esperadas com relação ao seu desenvolvimento econômico. Ao contrário, o que se registra é um estrago irremediável na sua economia. Os prejuízos são incalculáveis. Os compromissos internacionais crescem desenfreadamente. Os recursos gerados são insuficientes para o pagamento dos serviços da dívida externa. Nada sobra para uma competente distribuição de renda. A exclusão social é o resultado.

A globalização deveria ser um veículo de disseminação de benefícios, não fosse circunscrito apenas à questão dos mercados. Globalização não pode ser apenas questão comercial e financeira. Os direitos humanos não são objeto de renúncia, e o poder público deve garantir a sua efetivação. Tal é o comando dos tratados internacionais a respeito.

A Declaração Internacional dos Direitos Humanos, de 1948, consiste num documento de convergência e síntese. Síntese porque objetiva estruturar os direitos e garantias que até aquele momento nenhuma Constituição congregava, e convergência por ser considerada uma espécie de carta de alforria para os povos que a subscreveram, emoldurando anseios e esperanças destes.

A promoção e a proteção dos direitos humanos são prioridades para a comunidade internacional. Todos os direitos humanos derivam da dignidade e do valor inerente à pessoa humana, que é sujeito de tais direitos e liberdades fundamentais e, como tal, deve ser a principal beneficiária desses direitos e liberdades.

Não posso deixar de lado o que diz Dalmo de Abreu Dallari:

> [...] pode-se afirmar que a proclamação dos Direitos do Homem, com a amplitude que teve, objetivando a certeza e a segurança dos direitos, sem deixar de exigir que todos os homens tenham a possibilidade de aquisição e gozo dos direitos fundamentais, representou um progresso. Mas sua efetiva aplicação ainda não foi conseguida, apesar do geral reconhecimento de que só o respeito a todas as suas normas poderá conduzir a um mundo de paz e de justiça social.[236]

Se os países menos desenvolvidos e comprometidos com a democratização e as reformas econômicas devem ter o apoio internacional, e se esse apoio for traduzido na injustificável pressão econômica e financeira no sentido da exploração e do consequente esgotamento dos seus recursos, o que sobrará aos governos, ainda que tenham esse desejo, para a implementação dos projetos sociais?

---

236 *Elementos de teoria geral do Estado*, p. 213.

A pobreza extrema e a exclusão social constituem violação da dignidade humana. Devem ser tomadas medidas urgentes para conhecimento maior do problema da extrema pobreza e das suas causas. Cada Estado deve ter uma estrutura eficaz de recursos jurídicos para reparar infrações ou violações de direitos humanos.

Durante o século XX, muitos países do Terceiro Mundo, inclusive o Brasil, inseriram em suas Constituições os direitos humanos, embora, na maioria das vezes, apenas formalmente. Os direitos fundamentais transformaram-se em parte essencial do ordenamento jurídico, visto que constituem, ao mesmo tempo, "base e fundamento do governo".

No art. 1° da nossa Constituição de 1988, encontramos os fundamentos da nossa República, que são: a soberania, a cidadania, a dignidade da pessoa humana, os valores sociais do trabalho e da livre-iniciativa, o pluralismo político, entre outros.

O que se extrai da globalização?

A globalização revela-se capaz de destapar tendências comuns. Do ponto de vista sindical, uma dessas tendências comuns é o medo de que os diferentes movimentos sindicais nacionais expressem o sentimento de que a globalização lhes está a cortar pela raiz as capacidades de negociação e de influência política. Esse efeito negativo da globalização sobre o sindicalismo é testemunhado pela competição resultante das produções de baixo custo que exercem pressão de sentido descendente sobre os salários e o emprego nas indústrias, visando a assegurar vantagens competitivas. Assim, os empregadores investem frequentemente na produção de bens e serviços tecnologicamente mais intensivos, o que, a curto prazo, determina a redução na procura de trabalhadores manuais.

A antiga divisão entre mercados internos e internacionais, no processo da globalização da economia, deixa de ser realista. As transnacionais visam, simultaneamente, a dois objetivos: implantarem-se rapidamente num mercado estrangeiro e diminuir os seus gastos. Isso permite a concentração da pesquisa, o rebaixamento dos custos, a integração de sistemas operacionais, bem como a combinação de vantagens. E o mundo vê perplexo o estágio de verdadeira depredação provocada pela globalização de sentido meramente econômico e, nem de longe, de qualquer sentido humanístico.

Quando reproduzi Michel Chossudovsky falando sobre a globalização da pobreza, estarreci-me com a consagração do que se pensa a respeito da globalização. A afirmação é a de que:

> A economia global é regulada por um processo de cobrança de dívida em âmbito mundial, que sufoca as instituições do Estado nacional, contribui para a eliminação de empregos e reduz a atividade econômica.
>
> O peso da dívida externa atinge dois trilhões de dólares nos países em desenvolvimento. O colapso das moedas nacionais desestabiliza países, tendo levado à eclosão de lutas sociais, conflitos étnicos e à guerra civil.[237]

Com o avanço da formação de blocos econômicos, o empresário local e regional é aniquilado, a vida na cidade é transformada; elimina-se a propriedade individual de pequena escala; empresas estatais são privatizadas ou fechadas; agricultores independentes são empobrecidos.

A compressão dos padrões de vida nos países periféricos foi, nos anos 1980, consideravelmente maior que a sentida pelos países ricos nos anos 1930. A globalização da pobreza, no final do século XX, não tem precedentes, e não se deve à escassez de recursos humanos e

---

237 *A globalização da pobreza*: impactos das reformas do FMI e do Banco Mundial, p. 11.

materiais, mas "a um sistema global de oferta excessiva nutrido pelo desemprego e pela minimização do preço da mão de obra em todo o mundo".[236]

Enfim, a comunidade mundial deve reconhecer o fracasso do neoliberalismo. Com o aprofundamento da crise, há cada vez menos vias políticas disponíveis. A ruína financeira mundial somente pode ser contida por reformas econômicas e sociais fundamentais. Há a necessidade de novas regras de comércio mundial e do desenvolvimento de uma política macroeconômica expansionista voltada para a diminuição da pobreza e a geração de empregos.

A Constituição Federal objetiva a defesa do regime democrático, dos direitos fundamentais e da separação dos Poderes, legitimando o tratamento diferenciado aos seus membros.

Essas eventuais diferenciações são compatíveis com a cláusula igualitária. Uma interpretação valorativa dos direitos fundamentais vai ao encontro da dupla finalidade da justiça constitucional das liberdades: evitar regimes ditatoriais e garantir independência e liberdade ao Judiciário com relação aos direitos fundamentais.

A autodeterminação, a igualdade e a não discriminação são os princípios básicos dos direitos e das garantias fundamentais.

A Constituição do Brasil traz positivado um grande número de direitos humanos. Talvez a nossa seja uma das melhores e mais completas Constituições do mundo em matéria de direitos humanos. Forçoso acreditar que, desde o momento da convocação dos constituintes e do trabalho hercúleo por esses desenvolvido para a elaboração da Constituição de 1988, havia o sentimento vivo e claro da positivação dos direitos humanos, na maior abrangência possível. Portanto, ler atentamente a Constituição possibilitará ao leitor a consciência de que a maior parte já está feita. Falta a objetividade de projetos essenciais que deem cumprimento aos anseios constitucionais.

As novas multinacionais, com tecnologia avançada, provocam o desemprego em todas as camadas, não só da mão de obra sem qualificação. Em todos os setores e todas as profissões, o mundo do trabalho passa por uma revolução que não poupa quase ninguém. Políticos e economistas procuram vagas de substituição para os "empregos de macacão", que estão desaparecendo das linhas de montagem. O temor de perder o emprego também avança pelos escritórios comerciais e abrange setores antes seguros da economia. Cargos vitalícios passam a ser temporários. Quem antes tinha uma profissão de futuro poderá vir a perceber que os seus conhecimentos estão defasados e que suas aptidões perderam o valor. Enfim, o ser humano se degrada, definha, com a humilhação e a perda de sua dignidade.

É urgente a parada das cabeças decisórias do mundo para rever a globalização como integradora, replanejando-a com uma visão abrangente da ligação íntima e necessária entre a economia e os direitos humanos, sob pena do perecimento absoluto das sociedades.

Aqui termina o passeio pelas sendas; uma florida, representada pelas expectativas inspiradas pelos direitos humanos, outra espinhosa, determinada pela brutalidade da globalização, a sufocar as esperanças dos povos humildes.

Bibliografia

1. ALMEIDA, Guilherme Assis de. *Direitos humanos e não violência*. São Paulo, Atlas, 2001.
2. _____; PERRONE-MOISÉS, Cláudia. *Direito internacional dos direitos humanos*: instrumentos básicos. São Paulo, Atlas, 2002.
3. ALVES, José Augusto Lindgren. *Os direitos humanos como tema global*. São Paulo, Perspectiva, 1994.
4. _____. *A arquitetura internacional dos direitos humanos*. Coord. de Hélio Bicudo. São Paulo, FTD, 1997.
5. AMARAL JR., Alberto do; PERRONE-MOISÉS, Cláudia (orgs.). *O cinquentenário da Declaração Universal dos Direitos do Homem*. São Paulo, Universidade de São Paulo, 1999.
6. ANDRADE, José H. Fischel. *Direito internacional dos refugiados*: evolução histórica 1921/1952. Rio de Janeiro, Renovar, 1996.

7. ANDRIEU, Louis Assier. *O direito nas sociedades humanas*. Tradução: Maria Ermantina Galvão. São Paulo, Martins Fontes, 2000.

8. ARANHA, Márcio Iorio. *Interpretação constitucional e as garantias institucionais dos direitos fundamentais*. 2.ed. São Paulo, Atlas, 2000.

9. ARAÚJO, Luiz Ivani de Amorim. *Da globalização do direito internacional público*: os choques regionais. Rio de Janeiro, Lumen Juris, 2000.

10. BAGANHA, Maria Ioannis. *A globalização e as ciências sociais*. Org. por Boaventura de Souza Santos. 2.ed. São Paulo, Cortez, 2002.

11. BATISTA JR. Paulo Nogueira. *Mitos da globalização*. Disponível em: http://scieli.br/pdf/ea/v12n32a12. Acessado em: 24/09/2010.

12. BOFF, Leonardo. *Fundamentalismo*: a globalização e o futuro da humanidade. Rio de Janeiro, Sextante, 2000.

13. BONAVIDES, Paulo. *Curso de direito constitucional*. 11.ed. São Paulo, Malheiros, 2001.

14. BOSON, Gerson de Britto Mello. *Constitucionalização do direito internacional*: internacionalização do direito constitucional internacional brasileiro. Belo Horizonte, Del Rey, 1996.

15. CARVALHO, Bernardo de Andrade. *A globalização em xeque*: incertezas para o século XXI. São Paulo, Atual, 2000.

16. CASELLA, Paulo Borba. *Direito internacional*: vertente jurídica globalizada. Porto Alegre, Síntese, 2000.

17. CHOSSUDOVSKY, Michel. *A globalização da pobreza*: impactos das reformas do FMI e do Banco Mundial. São Paulo, Moderna, 1999.

18. COELHO, Edihermes Marques. *Direitos humanos, globalização de mercados e o garantismo como referência jurídica necessária*. São Paulo, Juarez de Oliveira, 2003.

19. COMPARATO, Fábio Konder. *A afirmação histórica dos direitos humanos*. 2.ed. São Paulo, Saraiva, 2001.

20. COSTA, Hermes Augusto. *Revista de Sociologia da USP*, v. 12, n. 1, maio de 2000, p. 165-85.

21. DALLARI, Dalmo de Abreu. *Elementos de teoria geral do Estado*. 24.ed. São Paulo, Saraiva, 2003.

22. D'ARAÚJO, Maria Celina. *O Estado Novo*. Rio de Janeiro, Jorge Zahar, 2000.

23. DUARTE, Regina. *Os impactos da globalização nas relações de trabalho.* In: Revista dos Advogados, ano XXII, n.66, junho de 2002.
24. FARAH, Elias. *Cidadania.* São Paulo, Juarez de Oliveira, 2001.
25. FARIA, José Eduardo. *O direito na economia globalizada.* São Paulo. Malheiros, 1999.
26. FERREIRA, Nilton José de Souza. *Globalização e direito.* Rio de Janeiro, Forense, 2002.
27. FERREIRA FILHO, Manoel Gonçalves. *Direitos humanos fundamentais.* 4.ed. São Paulo, Saraiva, 2000.
28. FORTE, Umberto. *União Europeia*: Comunidade Econômica Europeia [Direitos das Comunidades Europeias e Harmonização Fiscal]. São Paulo, Malheiros, 1994.
29. GARCEZ, José Maria Rossani. *Curso de direito internacional privado.* Rio de Janeiro, Revista Forense, 1999.
30. GIDDENS, Anthony. *Mundo em descontrole*: o que a globalização está fazendo de nós. Tradução: Maria Luiza X. de A. Borges. Rio de Janeiro, Record, 2000.
31. GOYARD-FABRE, Simone. *Os fundamentos da ordem jurídica.* São Paulo, Martins Fontes, 2002.
32. GRINBERG, Keila. *Código Civil e cidadania.* Rio de Janeiro, Jorge Zahar, 2001.
33. HELD, David; MCGREW, Anthony. *Prós e contras da globalização.* Tradução: Vera Ribeiro. Rio de Janeiro, Jorge Zahar, 2001.
34. HESSE, Konrad. *A força normativa da Constituição (Die normative Kraft der Verfassung).* Tradução: Gilmar Ferreira Mendes. Porto Alegre, Sérgio Antonio Fabris, 1991.
35. JEZZINI, Nader Ali. *A globalização e seus impactos sociais.* Curitiba, Juruá, 1999.
36. LEÃO, Adroaldo; PAMPLONA FILHO, Rodolfo (coords.). *Globalização e direito.* Rio de Janeiro, Forense, 2002.
37. LEFORT, Claude. "O direito internacional, os direitos do homem e a ação política". In: *Revista de Sociologia da USP (Tempo Social),* v. 12, n. 1, maio de 2000, p. 4.
38. LITRENTO, Oliveiros. *A ordem internacional contemporânea*: um estudo da soberania em mudança. Porto Alegre, Sérgio Antonio Fabris, 1991.

39. MACIEL NETO, Pedro Benedito. *Globalização*: reflexos sobre seus efeitos sociais, culturais, econômicos e jurídicos. São Paulo, Caminho, 2001.

40. MARTIN, Hans-Peter; SHUMANN, Harald. *A armadilha da globalização*: o assalto à democracia e ao bem-estar social. 6.ed. São Paulo, Globo, 1999.

41. MELLO, Celso Antônio Bandeira de. *Conteúdo jurídico do princípio da igualdade*. 3.ed. São Paulo, Malheiros, 2001.

42. MICKLETHWAIT, John; WOOLDRIDGE, Adrian. *O futuro perfeito (A future perfect)*: os desafios e as armadilhas da globalização. Tradução: Afonso Celso da Cunha Serra. Rio de Janeiro, Campus, 2000.

43. MILARÉ, Édis. *Direito do ambiente*: doutrina – prática – jurisprudência – glossário. São Paulo, Revista dos Tribunais, 2000.

44. MONCADA, António Cabral de. *Curso de direito internacional público*. Coimbra, Almedina, 1998.

45. MORAES, Alexandre de. *Direitos humanos fundamentais: teoria geral*. 4.ed. São Paulo, Atlas, 2000.

46. MÜLLER, Friedrich. *Quem é o povo?* A questão fundamental da democracia. Prefácio de Fábio Konder Comparato. 2.ed. São Paulo, Max Limonad, 2000.

47. OLIVEIRA, Odete Maria de. *Relações internacionais*: estudos de introdução. Curitiba, Juruá, 2001.

48. PEREIRA, Bruno Yepes. *Direito internacional e comércio exterior*. São Paulo, Rideel, 1998.

49. PINHEIRO, Carla. *Direito internacional e direitos fundamentais*. São Paulo, Atlas, 2002.

50. PIOVESAN, Flávia. *Direitos humanos e o direito constitucional internacional*. 4.ed. São Paulo, Max Limonad, 2000.

51. _____. *Direitos humanos, globalização econômica e integração regional*: desafios do direito constitucional internacional. São Paulo, Max Limonad, 2002.

52. RANGEL, Vicente Marotta. *Direito e relações internacionais*. 6.ed. São Paulo, Revista dos Tribunais, 2000.

53. REALE, Miguel. *Teoria do direito e do Estado*. 5.ed. 2ª tiragem, São Paulo, Saraiva, 2003.

54. RICUPERO, Rubens. *Esperança e ação*. Rio de Janeiro, Paz e Terra, 2002.

55. _____. *O Brasil e o dilema da globalização*. 2.ed. São Paulo, Senac, 2001.

56. ROBERT, Cinthia; MARCIAL, Danielle. *Direitos humanos*: teoria e prática. Rio de Janeiro, Lumen Juris, 1999.

57. SALVETTI NETTO, Pedro. *Curso de teoria do Estado*. 7.ed. São Paulo, Saraiva, 1987.

58. SANTOS, Boaventura de Souza (org.). *A globalização e as ciências sociais*. 2.ed. São Paulo, Cortez, 2002.

59. SARLET, Ingo Wolfgang. *A eficácia dos direitos fundamentais*. 2.ed. Porto Alegre, Livraria do Advogado, 2001.

60. SEM, Amartya. *Desenvolvimento como liberdade*. São Paulo, Companhia das Letras, 2000.

61. SILVA, José Afonso da. *Poder constituinte e poder popular*: estudos sobre a Constituição. São Paulo, Malheiros, 2000.

62. SILVA, Karine de Souza. *Globalização e exclusão social*. Curitiba, Juruá, 2000.

63. SILVA, Roberto Luiz; MAZZUOLI, Valério de Oliveira. *O Brasil e os acordos econômicos internacionais*: perspectivas jurídicas e econômicas à luz dos acordos com o FMI. São Paulo, Revista dos Tribunais, 2002.

64. SILVEIRA, Eduardo Teixeira. *A disciplina jurídica do investimento estrangeiro no Brasil e no direito internacional*. São Paulo, Juarez de Oliveira, 2002.

65. SOROS, George. *Globalização*. Prefácio de Cristovam Buarque. Rio de Janeiro, Campus, 2003.

66. STIGLITZ, Joseph E. *A globalização e seus malefícios*. São Paulo, Futura, 2002.

67. VICENTINO, Cláudio; SCALZARETTO, Reinaldo. *Cenário mundial*: a Nova Ordem Internacional. São Paulo, Scipione, 1998.

68. WEIS, Carlos. *Direitos humanos contemporâneos*. São Paulo, Malheiros, 1999.

Impressão e Acabamento